SUPER 超 SUPER

# 鬼速《ちょうおにそく》PDCA

ONI SOKU

PLAN 計画　DO 実行　CHECK 検証　ADJUST 調整

冨《とみ》田《た》和《かず》成《まさ》
TOMITA KAZUMASA

CROSSMEDIA PUBLISHING

# 鬼速PDCA解剖図

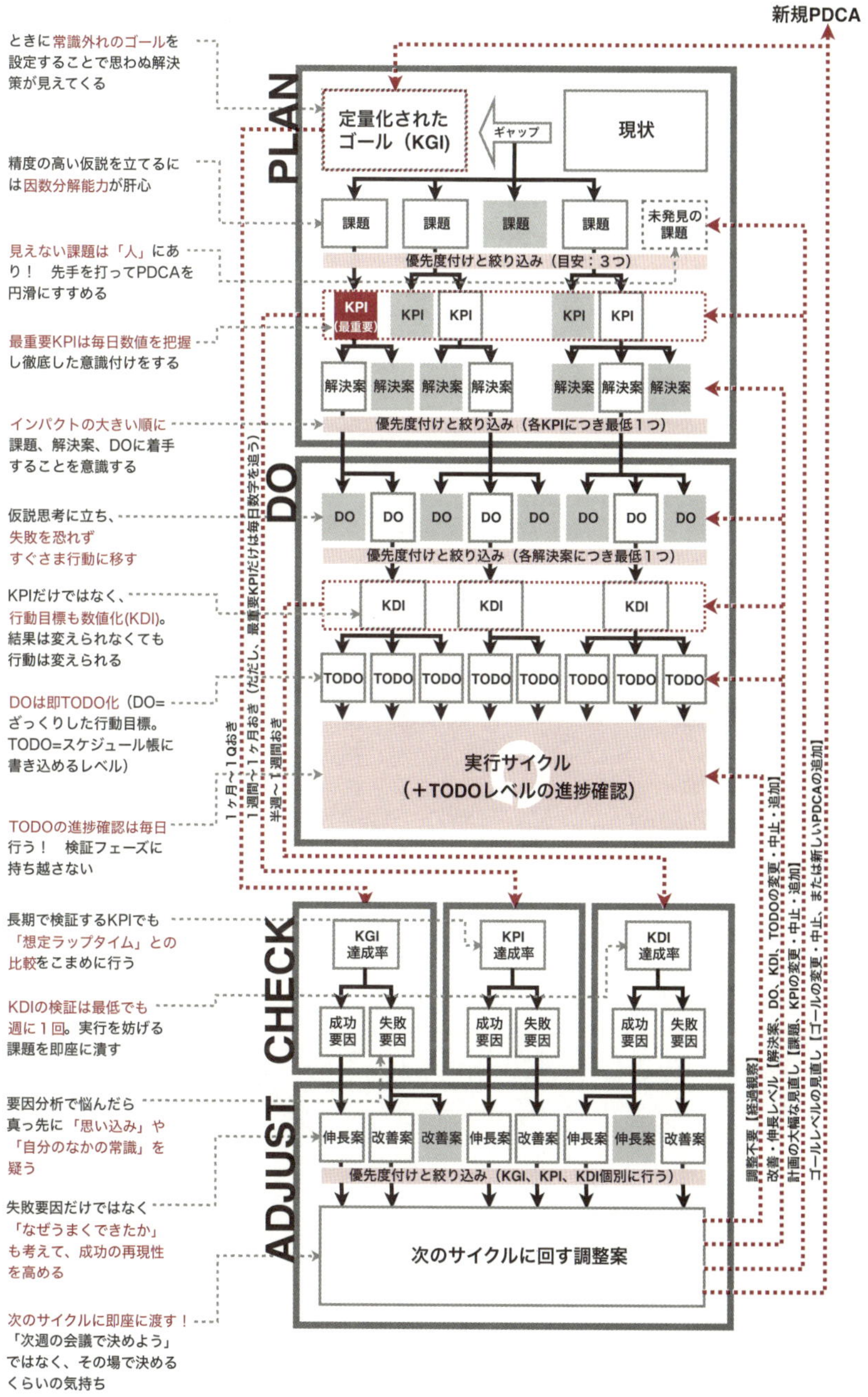

新規PDCA
PLAN
定量化されたゴール（KGI）
ギャップ
現状
課題
課題
課題
課題
未発見の課題
優先度付けと絞り込み（目安：３つ）
KPI（最重要）
KPI
KPI
KPI
KPI
解決案
解決案
解決案
解決案
解決案
解決案
解決案
優先度付けと絞り込み（各KPIにつき最低１つ）
DO
DO
DO
DO
DO
DO
DO
DO
DO
優先度付けと絞り込み（各解決案につき最低１つ）
KDI
KDI
KDI
TODO
TODO
TODO
TODO
TODO
TODO
TODO
TODO
実行サイクル
（＋TODOレベルの進捗確認）
１ヶ月～１Qおき
１週間～１ヶ月おき（ただし、最重要KPIだけは毎日数字を追う）
半週～１週間おき
CHECK
KGI達成率
成功要因
失敗要因
KPI達成率
成功要因
失敗要因
KDI達成率
成功要因
失敗要因
ADJUST
伸長案
改善案
改善案
伸長案
改善案
伸長案
伸長案
改善案
優先度付けと絞り込み（KGI、KPI、KDI個別に行う）
次のサイクルに回す調整案
調整不要【経過観察】
改善・伸長レベル【解決案、DO、KDI、TODOの変更・中止・追加】
計画の大幅な見直し【課題、KPIの変更・中止・追加】
ゴールレベルの見直し【ゴールの変更・中止、または新しいPDCAの追加】
ときに常識外れのゴールを設定することで思わぬ解決策が見えてくる
精度の高い仮説を立てるには因数分解能力が肝心
見えない課題は「人」にあり！　先手を打ってPDCAを円滑にすすめる
最重要KPIは毎日数値を把握し徹底した意識付けをする
インパクトの大きい順に課題、解決案、DOに着手することを意識する
仮説思考に立ち、失敗を恐れずすぐさま行動に移す
KPIだけではなく、行動目標も数値化(KDI)。結果は変えられなくても行動は変えられる
DOは即TODO化（DO=ざっくりした行動目標。TODO=スケジュール帳に書き込めるレベル）
TODOの進捗確認は毎日行う！　検証フェーズに持ち越さない
長期で検証するKPIでも「想定ラップタイム」との比較をこまめに行う
KDIの検証は最低でも週に１回。実行を妨げる課題を即座に潰す
要因分析で悩んだら真っ先に「思い込み」や「自分のなかの常識」を疑う
失敗要因だけではなく「なぜうまくできたか」も考えて、成功の再現性を高める
次のサイクルに即座に渡す！「次週の会議で決めよう」ではなく、その場で決めるくらいの気持ち

# はじめに

「鬼速ＰＤＣＡ」とは私が社会人になってから使っている造語で、私が創業し代表を務める株式会社ＺＵＵにおいて、企業文化として浸透している仕事の進め方のモデルとなっている。本書は、多くのビジネスパーソンに反響をいただき20万部のヒットとなった『鬼速ＰＤＣＡ』のパワーアップ版だ。

このタイトルを見て「今さらＰＤＣＡ？」と思われた方もいるだろう。

確かにＰＤＣＡは、ビジネスの世界では一般的なフレームワークだ。ＰＬＡＮ（計画）、ＤＯ（実行）、ＣＨＥＣＫ（検証）、ＡＣＴＩＯＮ（改善）の４ステップからなるサイクルは、ビジネスパーソンであれば知らない人はいない。

しかし、「自分はＰＤＣＡを回せている」と思っている人の中で、その本質を理解している人はほとんどいない。

ＰＤＣＡは、「回せているか・回せていないか」ではない。「いかに深く・速く回せるか」なのだ。また、「大きくも小さくも回せるか」という観点もある。ＰＤＣＡを徹底すれば、今とは比べ物にならないほどの前進と進化が期待できるが、それを知る人は少ない。それほどＰＤＣＡは奥深い。また、肌感覚でＰＤＣＡの仕組みを理解していても、言語化できるマネジャーや経営者は珍しいだろう。そのため、経営者やマネジャーにはできても社員や部下が実践できていないというのが現実だ。

そんな中、ＰＤＣＡを言語化し、プロセス化した書籍が『鬼速ＰＤＣＡ』である。

約8年前の出版から現在までの間に、私のまわりにはさまざまな変化があった。

ひとつは、執筆当時スタートアップ企業だった当社が東京証券取引所マザーズに上場したこと。ＩＰＯ後、資本市場という新たな経営の観点も入ってくる中で、定期的に高い壁にぶつかりながらも成長拡大を続けられているのは、会社組織として鬼速ＰＤＣＡを回し続けた結果だ。

さらに世の中に目を向けると、飛躍的なテクノロジーの進化がある。特にＡＩ技術の発達により、今後もビジネス環境が変貌することは必然だ。

このＡＩ技術は、鬼速ＰＤＣＡのやり方・考え方にも大きな変化を与えている。今回は『鬼速ＰＤＣＡ』の装いを新たに『超鬼速ＰＤＣＡ』として、ＡＩのほか、ＰＤＣＡの要である継続とマネジメントにも焦点を当てた。

ぜひ自分自身の課題を思い浮かべながら、実際に手を動かしつつ、本書を通して「超鬼速」を体感してほしい。

冨田和成

超鬼速PDCA　もくじ

## 2章　計画する（PLAN）

## 3章　実行する（DO）

## 4章 鬼速PDCAを継続する仕組み

## 5章

## 検証する（CHECK）

# 6章 調整する（ADJUST）

## 7章 マネジメント力で組織を超鬼速にする

# 8章 「PDCA」×「AI」

# 序章
# 鬼速PDCAがもたらすもの

# 桁違いのスピード成長

一般的なPDCAサイクルは、製造工程の改善手法として、またはチームやプロジェクトを管理する手法のひとつとして知られている。しかし私はそもそもPDCAを、マネジメント手法というよりも「前進を続けるためのフレームワーク」だと認識している。

本書は、これをより深く理解し、実践・継続してもらうことを目的とした構成となっている。

鬼速PDCAを可能にするポイントについては本文で随時解説するが、中でも重要なのが検証頻度だ。PDCAサイクルは、機械的にP・D・C・Aの順番で1周するものではない。一度計画を立てたあとは、小さなタスクを繰り返し消化していく「実行のサイクル」が回り続ける。

もともと当社では、一般的な企業が週1回行うようなチームミーティングを、週2回実施していた。現在は、週の半ばのミーティングでPDCAサイクルの調整をし、さらに金曜日の週報を活用してアップデートしている。

ミーティング内容は、事前に、鬼速ＰＤＣＡのフレームに沿ったフォーマットを用いてGoogleドキュメントで共有する。あらかじめ各自がコメントを入力することで、問題解決に特化した短時間のミーティングを実現させている。これにより当社は、通常は1時間費やすようなミーティングを、15分におさめている。

数値目標が未達であるものについて、その要因や課題も事前に共有されるため、各メンバーが必要な対処をし、素早く次のサイクルに活かす仕組みだ。立ち止まる・迷うといった感覚が長期にわたり続くことは、チーム全体のスピードを落とすことになる。

鬼速で前進を続けている限り、新たな課題が次々とやってくる。特に私たちはデジタルと金融とコンサルティングを融合した世界一の金融グループを目指している企業であり、先人が達したことがない未知の分野でチャレンジをしている。1週間仕事をして何も問題が起きないことなどあり得ない。「課題がないのは行動をしていない証拠」という共通認識が、当社の社員たちの中にはある。だからミーティングで各自が課題を発表することは何も恥ずかしいことではなく、むしろ課題をウエルカムとし、課題が言えることこそ賞賛の対象と考えている。

では、個人でＰＤＣＡを回す場合はどうか。自分の行動を週に1回でも振り返る習慣がある人は、現時点でかなりの成果を出しているはずだ。ほとんどの人は半年や四半期に1回、上司との面談で曖昧にその期間の反省と次の期間の抱負を考えて終わってしまう。

その点、私は社会人になってから毎日の振り返りを一度も欠かしたことがない。どれだけ遅く帰っても、付き合いでお酒を飲んでも、毎晩、必ずその日の行動を振り返って紙やデジタルに記載してきた。そして週末にはほとんど予定を入れず、自室やカフェや図書館等にこもって半週ベース、週次ベース、月次ベース、四半期ベース、半期ベース、そして年次ベースの振り返りをしたり、計画を立てたりすることが習慣になっている。

私が個人で回すPDCAのテーマは営業目標であったり、ビジネススクールに行くことであったり、事業や経営の達成であったりと、そのときどきでさまざまだった。本気で成し遂げたいことが思い浮かんだらPDCAを回す。それが私にとって当たり前のことになっている。

野村證券時代に支店での営業やプライベートバンカーとして数々の最年少記録を残せたのも、当社が運営する『ZUUオンライン』がサービス開始からわずか2年でお金に関する情報を発信するメディアで日本有数の月間訪問者数を誇るようになったのも、創業から5年で上場したことも、そこから何度も大きな壁にぶつかりながら成長し続けることができているのも、当社にM&Aでグループインしたすべての会社が、その後大きく成長を続けられているのも、すべて鬼速ＰＤＣＡを実践してきたおかげだ。

鬼速ＰＤＣＡを身につければ、桁違いの速さで成長できる。今は高みにいる先輩やライバル企業であっても、自分が10倍の速度で成長すれば必ず追いつける。明確なゴールを持ち常に最短ルートを模索しながら日々を過ごせば、決定的な差が生じるはずだ。

## 「ＡＩ」で超鬼速

前著の執筆から現在までの間に、世の中で革新的な進歩を遂げた技術のひとつが生成ＡＩだ。

ＡＩはＰＤＣＡにおいて爆発的かつ革命的な効果をもたらす。具体的な活用方法については順次説明するが、その中でもＡＩが特に力を発揮するのはＰＤＣＡの中で計画（Ｐ）のフェーズにおいてである。

計画フェーズでは、目指すべきゴールを決めたのち、ゴールと現状のギャップを洗い出し、そのギャップを埋めるための課題を考える必要がある。ひとつでも多くの課題を挙げ、その中から正しい重点課題を速く深く選定できることで、ＰＤＣＡはより速く回るようになる。

以前は、達成したいことのどの部分にどんな課題があるのかを、自力でリサーチしたり、専門家に意見を聞いたりして導き出していた。その分、多くの時間がかかるため、ある程度の計画で走り出さなければいけない状況が生じていた。

しかし現在はＡＩによって、自分の力だけでは導き出せなかった課題候補を瞬時に「見える化」できる。可能性のある課題の洗い出しや網羅・深掘りなどを得意とするＡＩを、計画フェーズで使わない手はない。

ＡＩはこの他にも、実行（Ｄ）のタスク化を効果的にでき、結果分析が得意なので検証（Ｃ）においても活用可能だ。さらにそこから次の伸長案と改善案につなげる調整（Ａ）もできるので、結果的に、ＰＤＣＡの全フェーズにおいてＡＩは大きな効果をもたらす。

私は近年、ＰＤＣＡを回すために、毎朝ChatGPT等の対話型ＡＩと壁打ちをしている。ＰＤＣＡは何度も回すことによって精度が上がる性質を持つが、ＡＩのおかげでムダなＰＤＣＡを回す必要がなくなり、最初から精度の高いＰＤＣＡを回すことができるようになった。また、そのプロセスを回すための時間も3分の1から4分の1になった。

ＡＩの進化に伴い、最近はその技術を使いこなすことのみに注目がされているように感じる。しかし本書では、ＡＩとＰＤＣＡの掛け算の観点で話を進めていきたい。

## 「継続」で超鬼速

鬼速ＰＤＣＡを実践すれば、絶大な効果が得られる。実際、前著出版後には大きな反響をいただいた。しかしそれと同時に、続けるのが難しいという声も聞く。そのため本書では、実践的な内容を重点的に盛り込んだ。

継続するためには、まず鬼速ＰＤＣＡを高い解像度で理解しておく必要がある。そして頭で理解するだけではなく、実践し続けることが必要だ。どんなに素晴らしい計画（ＰＬＡＮ）を作っても、継続しなければ意味がない。繰り返し回し続けることで、鬼速ＰＤＣＡはより精度と速度を増す。

しかし実は、この「継続」が最も難しい。よく言われることだが、行動するために思考する人が１００００人いるとすれば、そこから実際に行動に移せる人は１００人、そしてそれを継続できるのはたった１人だ。それだけ、続けるということは難しい。

一方で、「それほど深く思考せずに行動に移す人」もいる。ＰＤＣＡで言えば、計画（Ｐ）が浅いまま実行（Ｄ）に移す人だ。実はそれでも、見た目の上では一定の効果が出る。計画が弱くても徹底的に実行することで、結果が出ることがあるのだ。

しかしやはり、圧倒的な結果を出し続けるためには、PとDの両立が重要になる。実践を得意とするプレイヤーが思考に長けたマネジャーになるとは限らないように、PとDはいわば表裏一体の関係にある。そしてこれらPとD、そしてもちろんCとAのフェーズをバランスよくかつ高精度で回し続けることが、最大の成果をもたらすのだ。

本書ではまず、PDCAを深く理解してほしい。そして頭だけでわかった気にならず、ぜひ実行に移し、回し続けてほしい。

## 「マネジメント」で超鬼速

鬼速PDCAは個人やチーム、会社など、適用する対象の規模を選ばない。組織が成長し、どんなに拡大しようと効果を上げられる。当社は鬼速PDCAを回し続けることで、2025年2月現在、年商30億円、グループ従業員数約200名のグループへと大きく成長した。現時点で開示している最終税引き後利益予想では4億円を超え、創業来最高益を達成することになりそうだ。規模の拡大とともに社内の状況は変化し、会社を取り巻く環境も変わった。そしてそれに伴い、ＰＤＣＡの数や規模も増大している。

私が担当するＰＤＣＡも、個人的な仕事から組織としての事業、そして、企業としての経営とより上位のＰＤＣＡになり、経営計画やガバナンス、ステークホルダーとのコミュニケーションなどの割合も増え、内容が大きく変わってきている。そして、大きなゴールへ向け、組織全体を巻き込みながらさらに多くのＰＤＣＡを回し続けているが、組織が拡大しても、目指すべきゴールと現状から最優先課題を見出し、計画・実行・検証・調整をするという基本は変わらない。成長とともにゴールはどんどん大きくなるが、徹底した因数分解をすれば、ゴールにたどり着くための最短かつ最速の経路を導き出せる。

鬼速ＰＤＣＡは、業務改善の枠を超え、組織や事業、戦略レベルでアップデートすることにより、組織をさらに成長させることができる。そして鬼速ＰＤＣＡ自体も、組織の成長に合わせてマネジメントをしていくことで、超鬼速となるのだ。

## すべてのビジネス・人生の課題の解決策

前提として、本書で取り上げるＰＤＣＡモデルは我流だ。

私はコンサルタント出身でも経営学者でもない。元証券営業マンであり、元プライベートバンカーであり、起業家で経営者だ。逆に言えば、私のＰＤＣＡモデルは実践を通して磨かれてきたものであって、決して机上の理論ではない。

同時に、本書は学術書ではなく実用書である。「本を読んだあとに実際の行動を促すこと」を前提にしている。まずは行動に移し、ＰＤＣＡの重要性を体験として理解しながら、その精度と速度を磨くことが何より重要なのだ。

本書で登場する具体事例については、わかりやすさを重視するため、主に営業と英語の勉強について取り上げた。もちろんＰＤＣＡはそれだけでなく、企業経営やチームマネジメント、プロジェクトマネジメント、新規事業の立ち上げ、その他すべてのビジネス・人生の課題に活かすことができる（ところどころで事業や経営での事例を補足している）。

ＰＤＣＡの各ステップをかなり詳細に解説しているが、読み進める中で全体の流れが捉えきれなくなったら、ぜひ目次を使って各ステップの内容を振り返ってほしい。一度、流れが理解できれば、ＰＤＣＡサイクルは自然と実践できるようになるはずだ。

# 1章

# 前進する フレームワーク としてのPDCA

# ＰＤＣＡこそ最強のビジネススキルである

世の中のキャッチアップの速度は、日進月歩で早まっている。

それに伴い、かつてのビジネススキルはどんどんコモディティー化（日用化）している。

さらにＡＩの進化が、その状況を加速させている。

だからこそ、ますます価値が上昇するビジネススキルがＰＤＣＡ力であると思っている。

例えば私が証券の営業を始めたころは、営業マンにとって「情報」は命だった。しかし誰でも情報にアクセスできる時代になると、情報の価値は必然的に下がる。

それを示すように、入社当時は主要な数字を頭に叩き込んでからお客様のもとに向かっていた営業スタイルが、会社を辞める直前では、その場でｉＰａｄを片手に情報を検索するだけで十分になっていた。

その代わり、お客様から強く求められるようになったのは、資産運用に関するリアルタイムでの次の投資方針、より広くかつ深いレベルでの助言だ。

お客様はＰＤＣＡを回してくれる営業マンを求めるようになったのだ。

例えば、「英語力」。ひと昔前までは英語が話せるだけで引く手あまただったのに、今では人材市場での差別化はできない。自動翻訳の精度も年々自動翻訳機の精度も格段に向上し、誰もが自分のスマホで手軽に翻訳できる状態になっている。近い将来、通訳という職業がこの世からなくなることの現実味が高まっている。

では、「PDCA力」をビジネススキルとして考えたらどうだろうか?

今の世の中、正解がどんどん変わる。変わる前に手を打てる先見の明があれば理想だが、それがなくても、変化を察知し順応する柔軟性があるだけで、十分価値がある。それはまさにPDCA力だ。

PDCAは対象を選ばない。どのよう

**図1-1　あらゆるスキルの成長のベースとなる鬼速PDCA**

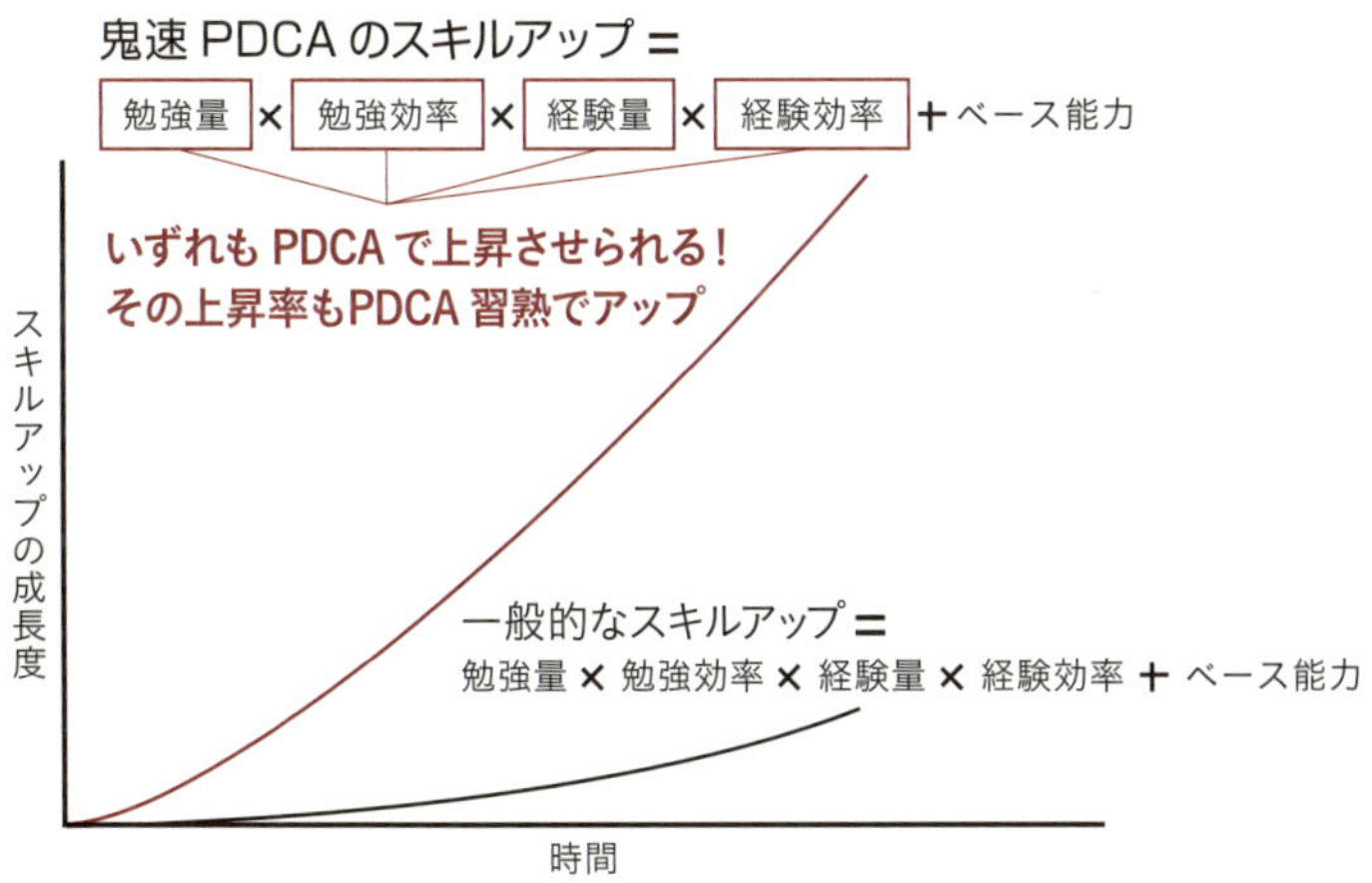

な業界、どのような職種であっても応用できる。これほど万能なビジネススキルは存在しないと言っていい。

いや、正確に言えばPDCAは個別のビジネススキルとはまったく別の次元にある。PDCAは、個別のスキルの習得を加速させるためのベースだからだ。

PDCA力さえ上がれば、スキルの上達は圧倒的に速くなる。若いビジネスパーソンは1日でも早く成果を出そうと、英語やコミュニケーションスキルなど、効果が見えやすい実用的なスキルの習得に躍起になるが、実はそうしたことに手をつける前にPDCA力を身につけたほうが、中長期的に見ればはるかに大きな効果を得られる。

よって、人生をかけてスキルアップすべきはPDCA力である。

PDCA力が高まれば、タイムマネジメント能力もチームマネジメント能力も問題解決能力もすべて上昇していく。

## 企業・リーダーの価値もPDCA力で決まる

PDCAが個人において万能なら、当然、組織でも万能、かつ最強の強みとなる。現在のビジネス環境においては、どれだけ新しいビジネスモデルやテクノロジーであっても、中長期での差別化要因にはならない。瞬時に各国の言語に翻訳され、世界中に広まり、また新たなテクノロジーに上書きされたりして、陳腐化してしまう。

ビジネスモデルそのもの自体で中長期の企業価値が測られる時代は終わったと考えている。新しい仕組みやサービスを鬼速で生み出し続けられる組織力と、市場の変化に瞬時に対応できる柔軟性を持った企業こそ、激動の時代を勝ち残れるのである。

それらはまさにＰＤＣＡ力のことだ。

成長企業が成長し続けられるのは、絶えず新しい試みを続けているからだ。

一方、市場の表舞台から去っていった数々の巨大企業のように、自己変革に躊躇する会社は淘汰される運命にあるのだと思う。

それはつまり、組織を率いるリーダーにしても同様だ。

入れ替わりの激しい人員、ライバルのキャッチアップ、相次ぐ自社の新サービス。状況の変化に対して受け身のマネジメントをしていては、当然業績も揺れ動く。それを当然としていては、部下の生活を預かるマネジャーとしての成長はない。

そんな状況でも、常にいい結果を残せるリーダーにはＰＤＣＡ力がある。

## 世間が抱くPDCAの7つの誤解

多くの人がPDCAを理解しているつもりでも、実際には正しく活用できていない。PDCAが浸透しないのは、以下の7つの誤解があるからだ。

### 1　簡単だと思っている

PDCAは単純なものではなく、深く回せば回すほど難しくなる。PDCA自体が成長するため、習熟しても終わりはない。

### 2　管理職向けのフレームワークだと思っている

PDCAはすべての人に有効であり、キャリアや日常生活にも活かせる。早くから回し続けることで、大きな成果を生む。

### 3　失敗するのは検証（C）が甘いからだと思っている

実際には、計画（P）の精度が低いことにより、検証の質も上がらないことが多い。PDCAの5割は計画にかかっている。

## 4　課題解決のためのフレームワークだと思っている

うまくいったことも分析し、再現性を高めることが重要だ。改善だけでなく、成功要因の「伸長」も意識する。

## 5　改善すれば終わりと思っている

PDCAには階層があり、上位のPDCAは回し続ける必要がある。課題がなくても継続的な改善と成長が重要だ。

## 6　大きな課題のときだけ回せばいいと思っている

PDCAは、小さくても複数回すことで、成長スピードが加速する。仕事だけでなく、日常でも活用できる。

実際には、どこから始めたとしても、ＰＤＣＡはサイクルなので、またＰに戻って来ることになる。どうしても緊急性が高くなるとスピード重視になるときもあるが、その際はＤから回せばいい。

ＰＤＣＡは単なる手法ではなく、個人や組織の成長を加速させるツールだ。誤解を解き、実践することで大きな成果が得られる。

## ＰＤＣＡのスケール感を意識せよ

先ほど少し触れたが、ＰＤＣＡの階層についてもう少し解説しておきたい。

なぜなら、この捉え方を身につけるだけで、とんでもない成果に到達することにつながるからだ。本書で紹介する鬼速ＰＤＣＡの本質のひとつは、ここにあるのだ。

ＰＤＣＡサイクルと聞いて想像する、丸く表現された一般的なＰＤＣＡのイメージだけを見ると、ＰＤＣＡサイクルはあたかもプロジェクトベースでひとつだけ回っているような印象を受ける。

これもありがちな勘違いであり、ＰＤＣＡがわかりにくい原因でもある。

実際には、あらゆるＰＤＣＡには、それを含む上位のＰＤＣＡと、さらにそれを細分化した下位のＰＤＣＡがある。さながら仏教での「マンダラ」のようなイメージだ。

私は上位で回っているものから大ＰＤＣＡ、中ＰＤＣＡ、小ＰＤＣＡと呼んでいる。相対的なものなので、どの規模から「大」なのかといったことは気にしなくていい。

例えば、ある若いビジネスパーソンが

## 図1-2 PDCAサイクルの階層

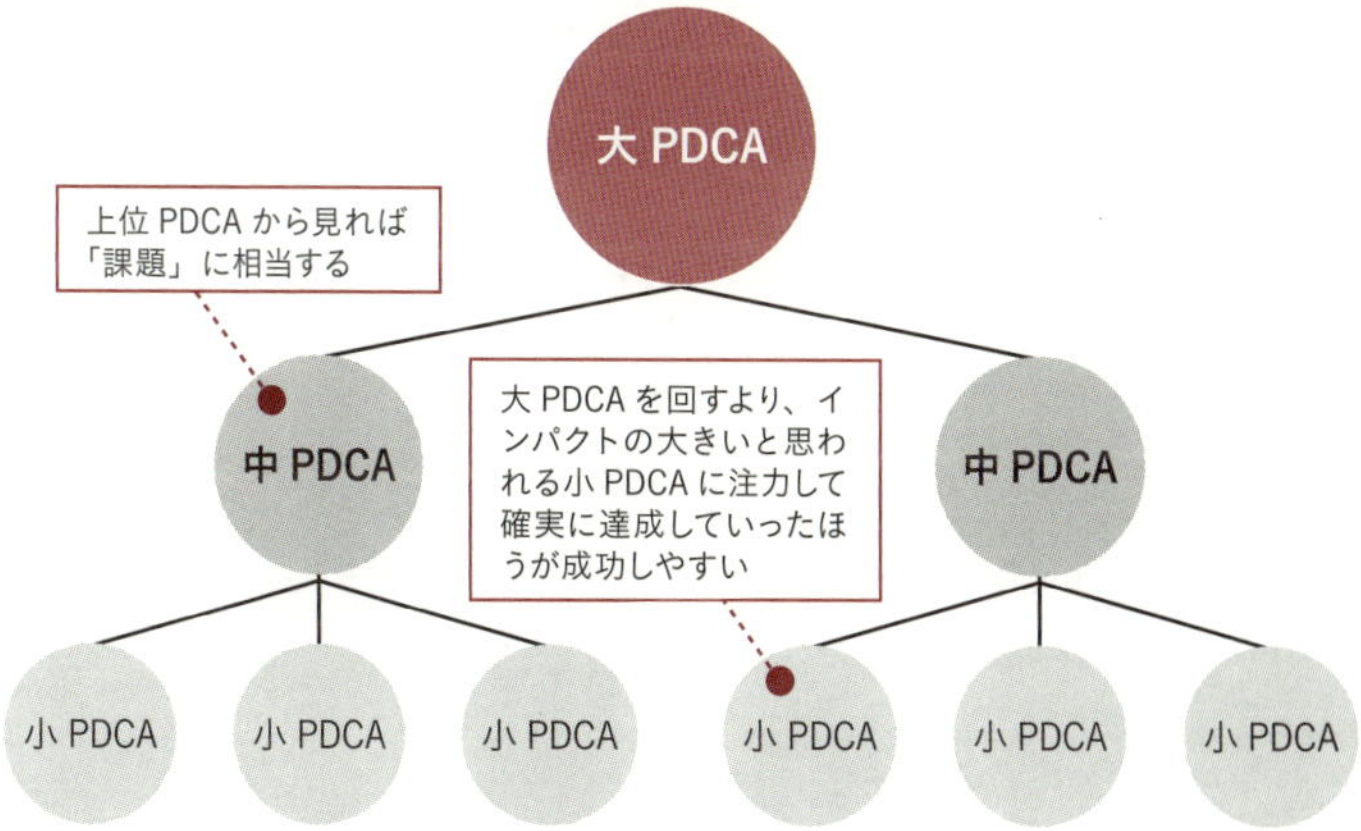

「5年以内に年収1000万円以上稼ぐ」とゴールを設定したとする。現状は大企業の営業職で年収500万円。そのギャップを埋めるためにはさまざまなルートが見えてくる。

ひとつは、今の会社で営業スキルを磨き、圧倒的な営業成績を挙げ、その実績を引っさげて完全歩合制の企業に転職することかもしれない。または、英語を必死に勉強してMBAへ進み、外資のコンサルティング会社に入ることかもしれない。

それぞれのルートを検討してみると、さらに細かい計画が必要であることがわかる。

仮に営業職として結果を残すルートを選んだら、「年収1000万円」という大PDCAの下に「営業スキルを磨く」「年間売上1億円」といった中PDCAが回ることになるわけだ。それに「営業スキルを磨く」といっても、コミュニケーション力を磨くのか、提案力を磨くのかといった個別の課題（小PDCA）に分解されていくし、コミュニケーションといっても役員クラスとの話題についていくための情報収集の話なのか、仕草や表情の話なのか、交渉力なのか、傾聴力なのかとさらに分かれる（小小PDCA）。

最初に掲げた大PDCAのゴールがいかに壮大であっても、それらを小さなPDCAに分解できる。これらを回すことで、加速度的に目標に近づくことができる。

大中小それぞれのPDCAをいかに効率よく正確に、速く回していくのか。そのシステムを本書では説明していく。

## 営業マン時代に実践した鬼速PDCA

実際に、私がどのようにＰＤＣＡ力を身につけてきたのかも紹介しておく。

ＰＤＣＡ力の効果が如実に表れるのが営業マンだ。

コミュニケーション能力に長けていたわけでもないのに、営業のＰＤＣＡをひたすら回し続けた結果、圧倒的な成果が出せた私が言うのだから間違いないと思う。アプローチの仕方、しゃべり方、アポの取り方など、契約に至るまでのプロセスをすべて分解した上でそれぞれＰＤＣＡを回すようになると、その成果が面白いくらい数字として表れる。

若手社員や私のセミナーを聞いた学生から「どうやってこのレベルまでのＰＤＣＡ力を身につけたのか？」とよく尋ねられる。

それに対して私は必ずこう答える。

「社会人になってから１日も休まず、やり続けてきただけです」と。

ちなみに社会人１年目のときの大ＰＤＣＡは、「１年目の営業成績で、全国の３年目までの営業マンの中でトップに立つこと」だった。

それを分解すれば「新規開拓200件」といった中PDCAが見え、それが見えればそれを実現するための小PDCAが見えてくる。

その小PDCAの中でも、当時、支店の飛び込み営業をしていた私にとって、最もクリティカルなのは「受付突破」だった。よって、最初の1年目はほぼ受付突破のPDCAしか回していないと言ってもいい。結果的に大PDCAは達成できたわけである。

当時の私が行っていたPDCAはこのような感じだ。

まずは計画のフェーズ。

受付突破は受付担当とのたった1分、下手をすれば5秒、10秒で決まる世界なので検討すべきことは多くない。とにかく第一印象が重要な要素になることはすぐにわかる。

そこであるときは「笑顔を絶やさず、ゆっくりと発言してみればいいのではないか?」と仮説を立てた。計画を立てたらそれを実行してみる。例えば1日単位でサンプルをとってみるというように。

サンプルをとったら検証だ。

うまくいかなかったらその原因を必死に考えた。ここが若干難しいが、少なくとも仮説は立てられる。「もしかして新人だと思われてなめられたのかな?」と。ただ、ここで思考が止まってしまってはPDCAサイクルが止まる。

思考が止まりそうなときは、「なぜ」か「どうやって」を自分に問えばいいだけだ。

「じゃあ、どうやったらなめられないかな?」

これでまた思考が動き出す。

「そういえば、上司が真剣にプレゼンしているときの仕草って、信頼感があるよな。あれを真似してみようかな」といった改善案が見えてくる。その結果、次のサイクルでは「身振り手振りを交えてみる」という計画を立て実行し、検証するのである（身振り手振りは恐ろしく効果がなかったが……）。

このように仮説を立て、サンプルをとり、分析して改善するというPDCAをずっとやっていた。成果が出てくると、他の課題についてもPDCAを回すようになった。

回すPDCAが増えると計画や検証の時間が不足するが、どれだけ残業しても、どれだけお酒を飲んでも、必ず帰宅したら当日の振り返りの時間を設けていたし、週末も振り返りとインプットの時間に当てていた。

入社当時はインストラクター役の先輩とは経験・知識のギャップを当然感じていたが、2、3年もすると、そのとき感じていた差は消えていた。毎日欠かさずPDCAを回していれば、数年のギャップなどあっという間に埋められる。

# 前に進むのがどんどん楽しくなる

私が鬼速ＰＤＣＡを自社の企業文化の軸に据えたわけは、単に成長スピードが速まるという理由だけではない。

どれだけ理路整然としたフレームワークやビジネスモデルであっても、それを実行するのは生身の人間だ。人間である限り感情の浮き沈みもあれば、不測の事態に直面したときにパニックになったり精神的に落ち込んでしまったりすることもある。

そのときにすぐに上を向いて、歩みを続ける原動力になるのがＰＤＣＡだと思っている。

人が不安や疑問を感じ、歩みを止めてしまう原因は３つしかない。

・「自分はどこへ向かおうとしているのか？」（ゴールが見えない）
・「果たして今の努力は意味があるのだろうか？」（道が見えない）
・「この方法のまま続けていていいのだろうか？」（手段が見えない）

**図1-3　鬼速PDCAを回すことで不安や疑問は取り除かれる**

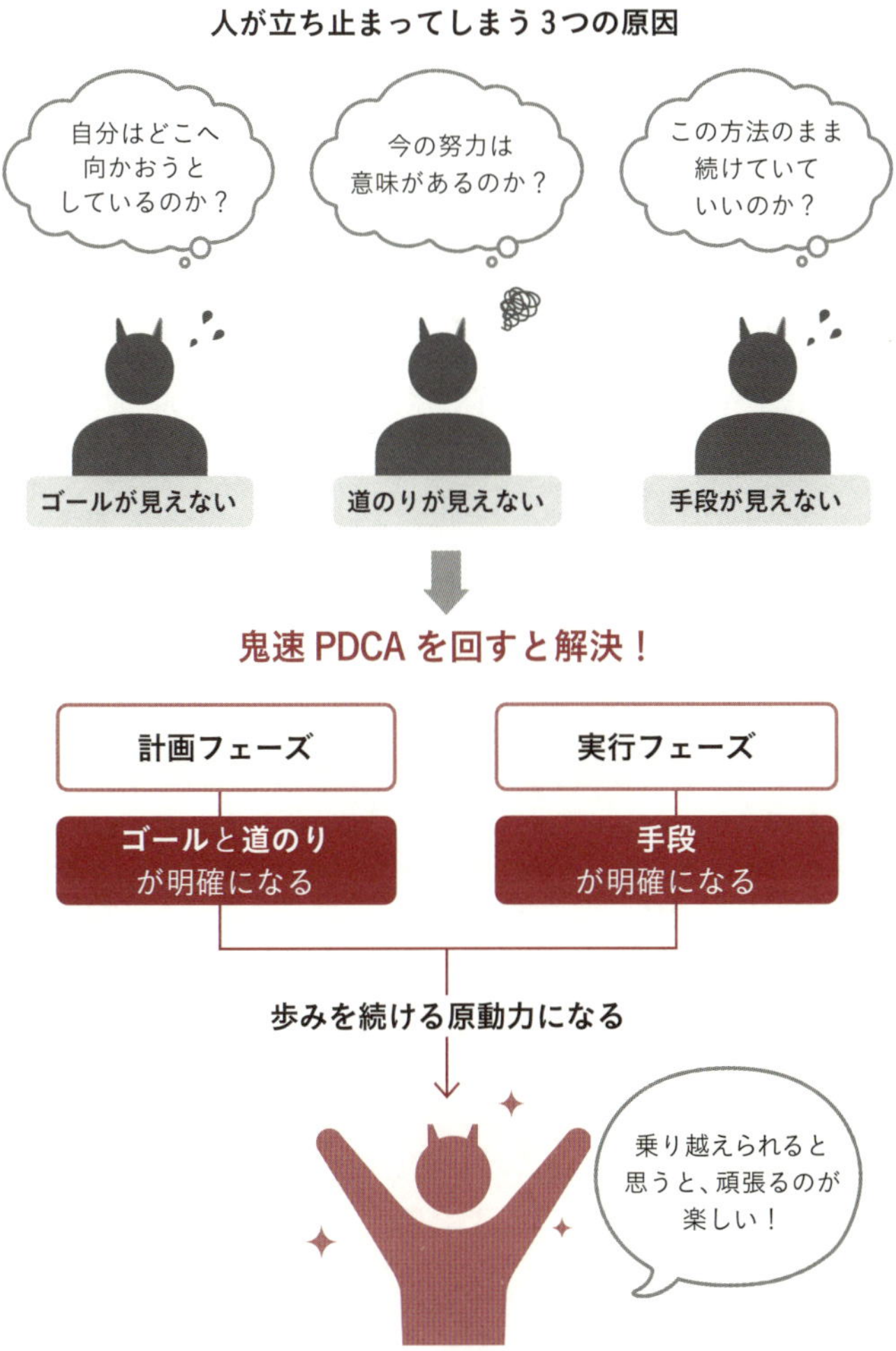

こうしたことが曖昧なままでは、モチベーションが上がるわけがない。ましてやその状態で大きな障害に出くわしたとき、それを乗り越えるだけのパワーは湧いてはこない。

仕事であればある程度強制力があるし、毎月の給料という形でなんとなく成果は出る。しかし、不安を抱いたまま全力で仕事に向き合うことはなかなか難しい。

その点、ＰＤＣＡを回していれば、計画フェーズでゴールと道のりが明確になる。そして実行の段階で手段が決まる。

普段からゴールを意識しながらＰＤＣＡを回していれば、突如、激流の川が行く手を阻んだとしてもパニックにならずに済む。橋を作るべきか、ジャンプ力を鍛えるべきか、イカダをこしらえるべきか、迂回路を探すべきかといった打開策を考えることが、当たり前のことになる。なぜなら障害があったとしてもそれを乗り越えた先にはゴールがあるとわかっているからだ。このメリットは果てしなく大きい。

そして、何回か障害を乗り越える経験をすれば、そのうち課題にぶつかることが楽しくなってくる。

もしあなたが、またはあなたの会社が、長らく壁に直面していないとしたら、それは単に現在地で足踏みをしているだけだ。前に進んでいる限り必ず障害物に当たる。

それを当然なことだと受け入れ、気持ちをすぐに切りかえて前に進み続けていれば、絶対にそれ以上のプラスの結果が返ってくる。むしろ障害物に遭遇したら前に進んでいることを確認できたと素直に喜べばいいのだ。人生はおそらく思うほど難しくない。難しくしているのは自分自身である。

## 鬼速PDCAとは何か

PDCAサイクルとは、PLAN（計画）・DO（実行）・CHECK（検証）・ADJUST（調整）の4段階を継続的に回し、目標を着実に達成するためのフレームワークである。シンプルな仕組みゆえに、「結局、何をどのようにすれば成果が上がるのか」が十分に理解されないまま導入されるケースも多い。そこで、本書ではPDCAの本質を踏まえつつ、スピード感をもって成果を出すための「鬼速PDCA」について解説する。

### Ｉ　計画（PLAN）

計画フェーズの最初の仕事は、最終的に目指すゴールを明確化することである。
ゴールが抽象的であれば、現状とのギャップや解決すべき課題が見えにくく、行動に移しづらい。

例えば、「できるだけ早く売上を上げる」という曖昧な目標ではなく、「来年度中に売上を前年比2割増とする」といった具体的な数値や期限を設定することが重要である。

ゴールがはっきりすると、それを妨げる要因（課題）が浮かび上がり、その課題をクリアするための大まかな方向性（解決案）を検討できるようになる。

計画段階で想定される課題は、情報不足やリソース不足、優先順位の錯誤など多岐にわたるが、それらをすべて洗い出した上で優先度を整理しておくと、実行フェーズにおける効率が格段に高まる。

また、ゴール設定の段階では、「なぜ

**図1-4 一般的に知られるPDCAサイクル**

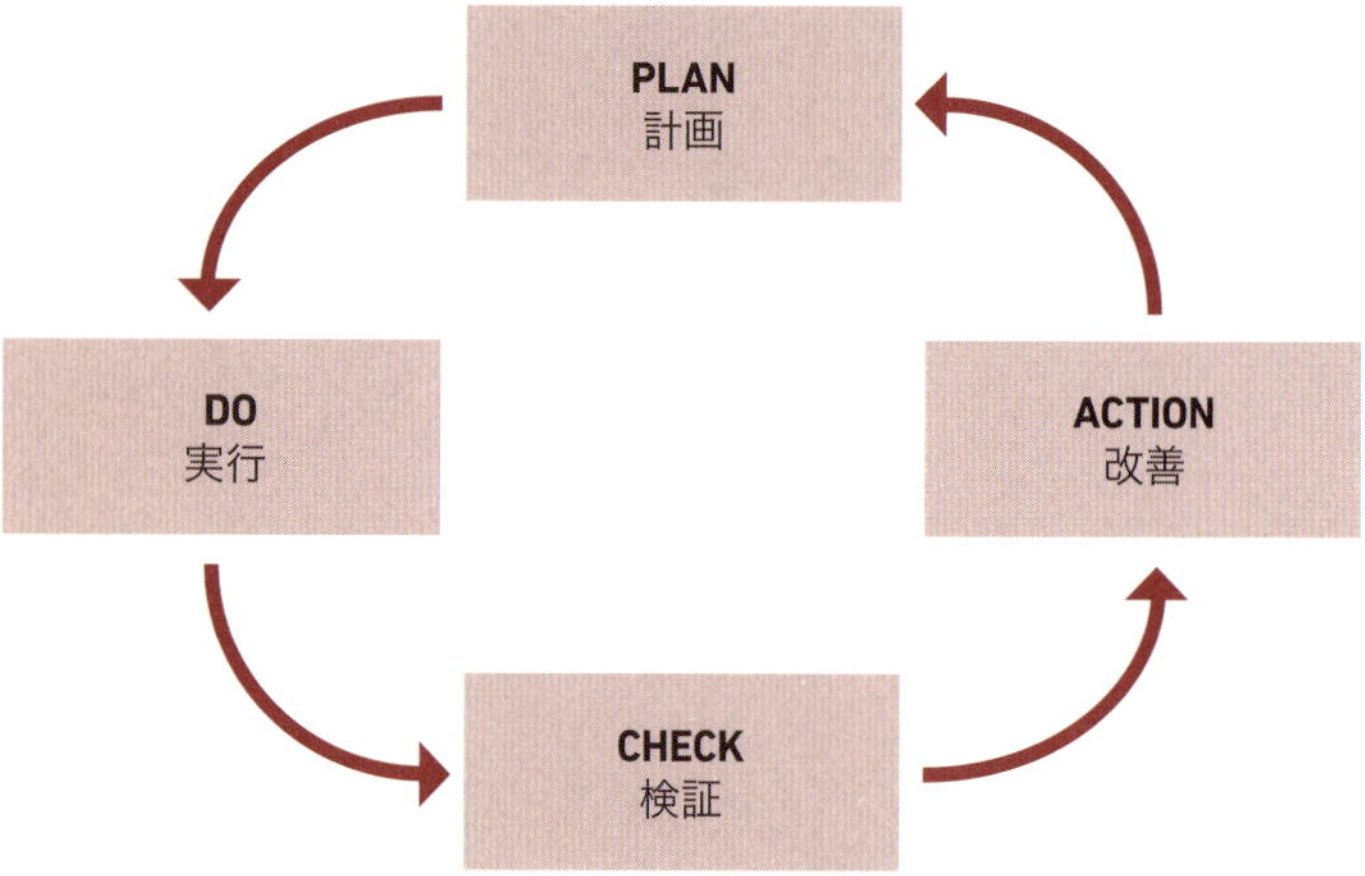

「そのPDCAを回すのか」という理由を見失わないようにすることが肝要である。組織や個人の長期的なビジョンに紐づけた上で、今回のPDCAの意義を確認しておくと、後々の検証や調整がスムーズに行えるであろう。

計画がPDCA全体の5割を占めると言われるのは、このフェーズを疎かにすると後の工程で大幅な修正や手戻りが発生しかねないからである。完璧主義になりすぎて動き出せないのは問題だが、最低限の方向性を固め、必要であれば動きながら仮説を補強する、というスタンスが望ましい。

## 2　実行（DO）

計画フェーズで策定した解決案をもとに、具体的な行動へ落とし込むのが実行フェーズである。ここで重要なのは、解決案をさらに細かいタスクに分解して、スケジュールに組み込むことである。

例えば、「顧客層を拡大する」というアクションが決まっていても、そのままでは日々の業務に流されて着手できない場合が多い。「いつ・どのように・誰が・どのくらいのリソースで行うか」を明確にし、やらざるを得ない環境を整えることが肝要である。また、行動を具体化すればするほど、自分やチームのモチベーションも高まりやすくなる。

計画段階で課題を明確にしながら、実際には「タスク化」が不十分なまま進めて失敗するケースが多い。つまり、やるべきことは理解していても、「どう実行するか」「いつやるか」が曖昧なままになっているのだ。そのため、実行フェーズに入ったら、アクションを小さなステップに切り分ける習慣をつけるとよい。

## 3 検証（CHECK）

計画および実行は、あくまで現時点での仮説に基づいて行うものであり、常に想定外の事象や新たな知見が現れる可能性がある。そこで必要なのが検証フェーズである。

検証といっても、特別に大掛かりな調査をするという意味ではない。あくまで「実行した結果、計画通りに進んでいるか」「何か想定外の障害が生じていないか」を、定期的かつ頻繁にチェックすることである。特に重要なのは、実行時に「これが最適だ」と自信を持って走りつつも、検証時には「本当にこの方針でよいのか」と一度疑う視点を持つというメリハリである。

検証を疎かにしてしまうと、最初に立てた計画から大幅にズレているにもかかわらず「なんとなく進んでいる感覚」に陥り、軌道修正のタイミングを失してしまう。こまめに検証を行うことで、無駄なタスクに時間を割いていないか、他に優先度の高い課題が見えていないかをチェックし、より短期間で成果を出すことが可能となる。

## 4　調整（ADJUST）

本書では、PDCAの4番目のフェーズを「行動（ACTION）」ではなく「調整（ADJUST）」と呼ぶことにしている。これは、単に不具合を修正するだけでなく、成功している部分をさらに伸ばす「伸長案」を含めた幅広い改善を意味しているからだ。

検証の結果、課題やリソースの不足が見つかれば計画フェーズへ戻り、根本的な方針を練り直すこともある。逆に、すべて順調に進んでいれば大きな調整は不要かもしれない。調整の粒度や方向性は

**図1-5　鬼速PDCAサイクル**

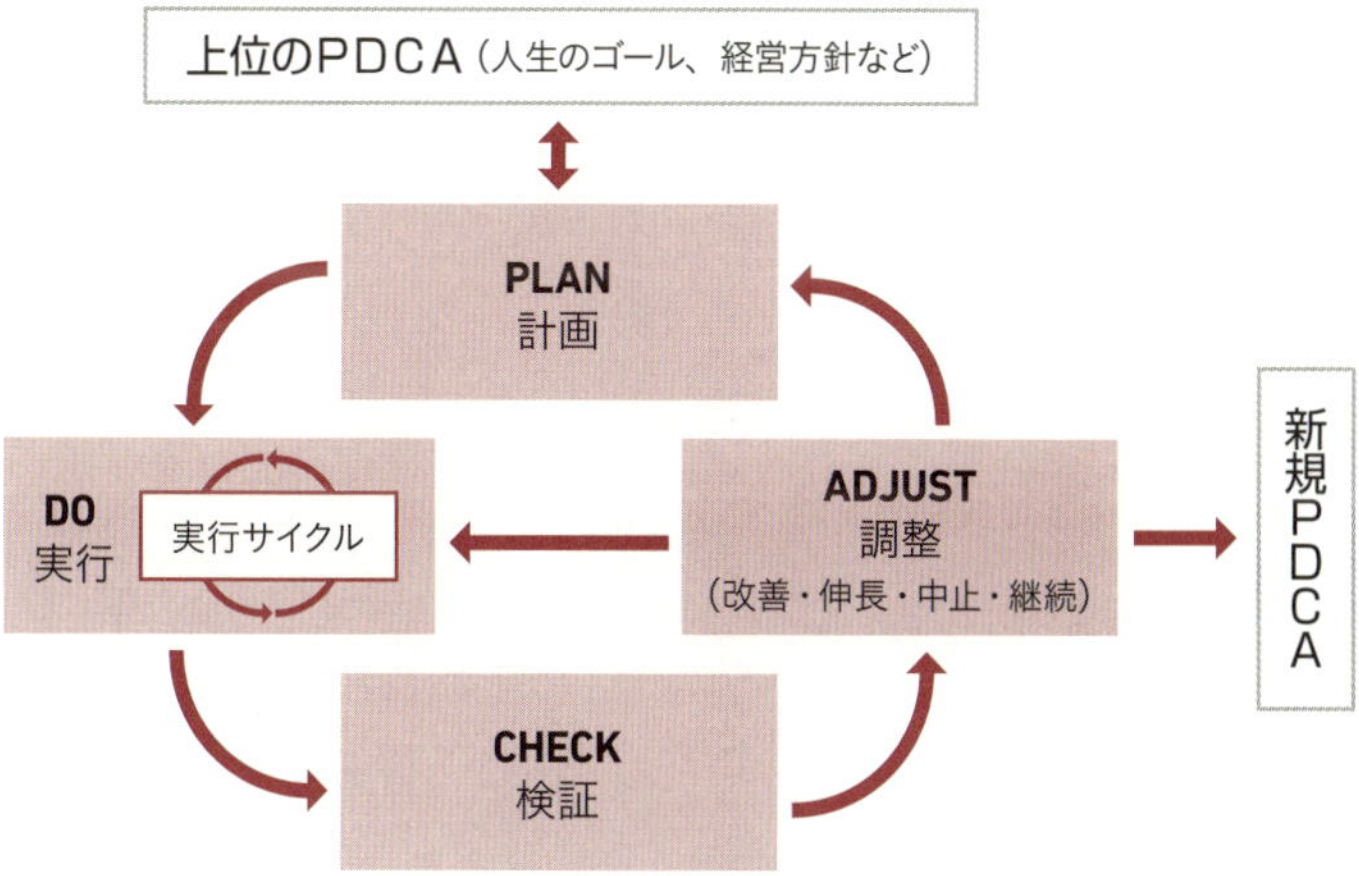

ケースバイケースであるが、次のように大別できる。

・ゴールレベルの調整：新たな事情でゴール自体を変更する場合など、大きな方針転換が必要となるケースである。

・計画レベルの大幅な調整：予想外の課題が顕在化した際に、計画を抜本的に見直すケースである。

・解決案・行動レベルの調整：大枠のゴールや計画はそのままに、方法や優先度を少しだけ変えるケースである。

・調整不要：想定どおりに進んでいる場合は、あえて手を加えず継続する判断もあり得る。

このように調整フェーズでは、検証結果を踏まえた的確な判断を行い、次のサイクルに速やかにつなげていくことが求められる。ＰＤＣＡを高速回転させるには、調整を怠らず、常に状況を客観視する視点を持つことが鍵である。

以上が「鬼速ＰＤＣＡ」の全体像である。ＰＤＣＡは単純なようで、実践すると「計画が曖昧」「タスク化が不十分」「検証が形骸化」「調整が遅れる」など、つまずくポイントがいくつもある。だからこそ、各フェーズを本質的に理解し、スピード感を持って回し続けることで、劇的に成果への到達時間を短縮できるはずである。

# 2章

# 計画する（PLAN）

P

フェーズ❶

# 計画

ギャップから導く

# 慎重さと大胆さのバランスが肝になる計画

本章からいよいよPDCAサイクルの各フェーズの説明に移る。

最初は計画だ。

私の感覚では、PDCAで失敗する人の50％はこの計画フェーズで失敗している。

失敗する原因は大きく分けて2つある。「慎重になりすぎる」か「雑になりすぎるか」だ。このあたりは本人の性格や企業文化などで違いがよく出る。

もしこれが会社で、新規事業を検討している経営者が慎重派だと、おそらく社員たちは延々と市場調査に駆り出されることになるだろう。その間にも市場はどんどん変化する。そして毎月の会議で議題に取り上げられては「もう少し様子を見よう」というお決まりの文句が発せられることになる。

こうしたリーダーがいる組織はPDCAサイクルが回りにくい。

かたや思いつきで動く人がPDCAを回そうとすると、計画が雑なまま動き出してしまい、下流工程の実行フェーズで路頭に迷う。それに、検証しようと思っても定量的に比較できるものがないので、（特に物事がうまくいかないときには）その原因の解明がしづらい。

両極端ではあるが、両者ともPDCAを理解していないという点では同じだ。

過度の慎重さ、過度の心配はPDCAサイクルを遅くする。

過度の思慮不足、過度の日和見主義はPDCAサイクルの精度を落とす。

よってPDCAを回す人や組織に必要なのは、慎重さと大胆さの中間あたりなのだ。

もちろんこれは感覚的な話なので厳密な定義はない。だからこそ、自分が今慎重になりすぎていないか、または大胆になりすぎていないかという自分との対話が重要になる。もし一方に寄りすぎていれば、意図的にバランスを取るようにすればいい。

私は日々社内から上がってくる課題に対して判断を下す立場にいるが、不安で寝つけない夜は滅多にない。もちろん、大勝負に出るときはいつもより慎重になる。しかし、社内で下す99％の判断はPDCAを回す前提で行っているので、「現時点で可能な限り精度の高い仮説を立てている。間違っても仕方ない」というくらいにしか思っていない。

あらゆることをPDCAで回していると、メンタル面での負担が軽くなる点も大きなメリットであると言える。

# ステップ①　ゴールを定量化する（KGIの設定）

目的地のない旅は放浪であり、目的意識のない仕事は惰性だ。

あらゆるPDCAは、たどり着きたいゴールを決めることから始まる。

PDCAはどのような対象でも回せるのでゴールはなんでも構わないが、その際に注意してほしいポイントが3つだけある。

期日を切ること。定量化すること。そして適度に具体的なものにすることだ。

## Ⅰ　期日を決める

期日が変わるとそれを実現するための戦略も変わる。

例えば、北海道を目指す旅をする場合、半日しかないなら飛行機しか選択肢はないが、1週間以上かけていいなら自転車の旅もありうる。それでは検討すべき事項が増えすぎて収拾がつかない。

それに期日を決めないと危機感が生まれない。

「時間があったら英語の勉強でもしよう。そうすればいつか英検1級に受かるかも」

「目の前の仕事を全力でやっていれば、部長くらいにはなれるだろう」

「いつの日か世界から注目される企業に育て上げよう」

期日を決めないとどうしてもこういった積み上げ方式の発想になってしまう。しかし、これではただの出たとこ勝負だ。

## 2 定量化する

ゴールは必ず数字に落とし込む必要がある。期日設定を含めて、定量化したゴールのことを本書ではＫＧＩ（Key Goal Indicator）と呼ぶことにする。

会社の目標数値や営業目標数値など、すでに数字に落とし込まれているゴールであればそのままゴールにすればいい。しかし、中には定性的なゴールもある。例えば、出世したい、モテたい、名を残したいといったゴールは、すべて欲求だ。しかし、ゴールを定性的な状態のまま据えると自分の成長度合いや進捗具合が確認しづらくなる。その結果、ＰＤＣＡの精度が甘くなる。

だから本来は定性的な目標であっても、それを数値化し、具体的に把握しやすい状態に置き換える必要がある。

定性を定量に変える具体例としては次のようなものがあるだろう。

・「痩せたい」→「体脂肪率20％未満」
・「会社を大きくしたい」→「売上１００億円」
・「上司に認められたい」→「人事評価Ａ」
・「人気商品を作る」→「専用ページの『いいね！』の数、５０００以上」

ちなみに当社の掲げる目標は、「90億人が自分の夢や人の夢に熱狂し、心から応援し合いながら、ともに挑戦を楽しみ続けている世界を実現すること」である。それを定量化したものが「２０３８年3月期の売上高で16兆円、営業利益5兆円を超えるデジタルと金融とコンサルティングを融合した世界一の金融グループ」にあたる。

若干、難しいのが「チームの結束力を高めたい」「心に残る作品を創りたい」といった第三者の内面を対象にした場合である。そのときに用いるのがアンケートだ。内面的なものを定量化するのでアンケートは日本語で「定性調査」と呼ばれているのである。

## 3　ゴールを適度に具体的なものにする

これは長期的な目標、または大きな夢を持つなという意味ではない。1章で書いたように、壮大なゴールのままPDCAを回すと、結果的に下位のPDCAが雑になりかねないということだ。

これは先に挙げた「期日」の話と、「定量化」の話の両方に当てはまる。

期日に関して言えば、仮に「10年後には英語がペラペラになっていたい」と目標を立ててしまうと、選択肢があまりに増えすぎてしまって結局路頭に迷いかねない。10年もあれば海外に移住してしまったほうが早いかもしれないし、海外留学も可能だし、英会話学校に通い続ける選択肢もある。

ただ、そうかといって「1週間後に英語が上達していたい」というように、あまりに直近のゴール設定をしてしまうと今度は逆に打つ手があまりないし、成果も見えづらい。

理想は1～3ヶ月後くらいだ。

これくらいの期間であれば、人やチームが成長するには十分な期間があり（もちろん内容次第だが）、なおかつ環境が劇的に変わるということもあまり考えられないので、とるべき行動もイメージしやすい。イメージしやすいということはモチベーション維持がしやすいというメリットにつながる。

「定量化」に関して言えば、例えば経営者や営業マンが「年間売上高」の数値目標を立てたとしても、そのままPDCAを回してしまうとあまりに課題が増えすぎてしまい、施策が中途半端になりかねないし、検証も甘くなる。よって、四半期ベースや月次ベースに分解することが基本になるわけだが、それでも粒度はかなり粗い。

それをさらに分解していくには「売上高」を構成する因子を考える必要がある。といっても、何も難しい話ではない。売上を上げる場合、新規顧客数を増やすのか既存顧客の単価を上げるのかで方法は分かれるはずだ。現時点の売上構成を眺めていれば、どちらが最短ルートなのかくらいの仮説は立てられるだろう。

そこで新規開拓を増やすことが最も効果があると判断したら、実際に扱うPDCAのゴールは「月の新規開拓数30件」くらいまで具体的にしたほうがいいということだ。

もちろん、仕事であれば上長やクライアントから一方的に数値目標を言い渡されることが大半だろう。その場合でもゴールがあまりに粗い粒度で渡されたら、そのままPDCAを回すのではなく、適度にブレイクダウンしてから着手したほうが断然に高い精度でPDCAを回すことができる。

## ステップ② 現状とのギャップを洗い出す

ゴールが決まったら、次は現状とのギャップを確認する。

ここでさっそく威力を発揮するのが先ほど行ったゴールの定量化だ。現状についても同じ基準で定量化することによって、ギャップは明確なものになる。

ただし、ここで勘違いしてほしくないのは、定量化のプロセスは検証精度を上げるために必須だと言っているのであって、定性的なものを無視しろと言いたいのではない。

例えば、ある営業マンが新規開拓で月平均5件であるものを、自発的に、2倍の10件に増やしたいと思ったとする。

このときの定量的なギャップは「5件増」だ。

一方で、定性的なギャップはなんだろうか?

もしかしたらこの営業マンは現状、営業に対して自信を持っていないのかもしれないし、過去にクライントに怒られた経験などからテレアポに対する恐怖心を抱いているのかもしれない。もしそうだとしたら、開拓件数を2倍にしたいというゴール設定の背景には「自分にもできることを証明したい」、または「過去のトラウマをぬぐい去りたい」という思いがあるかもしれないわけだ。

こうした思いはPDCAサイクルにおいては検証の対象とはならないし、よく見かけるPDCAサイクルの図にもまったく反映されない。

しかし、実際にPDCAを回すときにこうした思いは、それを回し続けるモチベーションの源になる。だから定性的だからと言ってわざわざ切り捨てる必要はない。

もし読者が経営者や管理職であれば、社員や部下の定性的な側面をムゲに扱ってはいけない。目標の裏には常に目的、特に強い目的があることが理想である。

## ステップ③ ギャップを埋める課題を考える

ゴールと現状のギャップが見えたら、そのギャップを埋めるための課題を考える。

ギャップが大きければ大きいほど必然的に課題は増えることになるし、第三者と連携し合いながらひとつのゴールを目指すときは、互いの利害関係のすり合わせ（つまり課題抽出のためのミーティング）も当然、必要になるだろう。

課題といっても、自分に足りないことばかりを考える必要はない。自分の得意分野を強化することでギャップが埋められるなら、それも立派な課題である。

個人レベルでＰＤＣＡを回す場合は次のような問いを自分に投げかけながら、頭に思いつくことを紙やホワイトボードに書き出してみることをおすすめする。

・「ゴールから逆算すると、自分は何をすべきなのか？」
・「この道を進むとしたら、何が不足しているのか？」
・「前進を加速させるために、伸ばせる長所はないか？」
・「あらかじめ手を打っておくべきリスクはないか？」
・「周りでうまくいっている人は、どんな工夫をしているか？」

チーム単位で動いているのであれば、全員で知恵を出し合って思いつく課題をポストイットなどに書いて壁にどんどん貼りつけていくといいだろう。その際、具体的であろうと抽象的であろうと気にしないこと。また、そこで出る他人の意見を否定することはご法度だ。課題は自分が想像していなかったところに潜んでいる場合が往々にしてあるので、活発に意見が出る雰囲気にすることが何よりも重要だからだ。

課題抽出は正確に、漏れなく行うことが理想だ。鬼速でＰＤＣＡを回すにはこの段階でいかに物事を整理し、深い分析ができるかが重要である。

ただ、いくら情報を集めて課題やギャップを正確に把握しようとしたところで、完全な把握などまずできない。むしろ、課題抽出に自信が持てないという理由でＰＤＣＡサイクルを回せないのであれば本末転倒だ。

仮にここで課題を見落としていても、定期的に検証を行っていれば、どこかの段階で「もしかして他に課題があるのでは？」と気づくことができる。

むしろ、課題を洗い出すためにＰＤＣＡを回すという意識が重要なのだ。

## 図2-1 課題のアウトプット

### 営業編

・プレゼン勝負になると勝てない
・スケジューリングが下手で１日に３件しか回れない
・ヒアリング能力が低い
・早口になってしまうことが多い
・第一印象が悪い

### 英語編

・長文問題を読むのに時間がかかる
・ビジネス表現に疎い
・リスニング力が弱い
・わからない単語が多い
・試験で緊張してしまう

## ステップ④ 課題を優先度づけして3つに絞る

ゴール設定にもよるが、一般的に課題をリストアップするとかなりの数になるはずである。そのすべての課題をこなせれば理想的だが、このあと、それらの課題をアクション、そしてTODOに分解していくと、実際にやるべきことは倍々ゲームで増えていく。

人はタスクを同時に抱えすぎるとフォーカスポイントが曖昧になって成果が思うように出せなくなる。

よって重要なのは適宜、選択肢をふるいにかけ、「やらないこと」を決めると同時に、「やること」について優先度づけを行うことである。

さて、ここではステップ②でリストアップした課題の中から、これぞと思われる課題を絞り込む。

そのときに使う基準は3つある。

「インパクト（効果）」、「時間」、そして「気軽さ」だ。

インパクトと気軽さについてはABCの3段階評価を振り、時間についてはその課題をクリアするために要すると思われる工数（延べ時間や日数）を考え、最終的には各課題に優先度を、こちらもＡＢＣの３段階で振っていく。

そして最終的には３つの課題に絞り込みたい。これ以上多いとＰＤＣＡが重荷になりすぎる恐れがあり、逆にこれより少ないと重要な課題を取りこぼす恐れがあるからだ。

それぞれの基準の説明と優先度づけのコツについて触れておこう。

## Ｉ　インパクト（効果）

ゴール到達に最も大きく効果がありそうなものからAをつけていく。優先度を決める際の最重要基準になる。それを実際にどうやって実現するかについてはあとのステップで考えることなので、現時点では純粋に「これがクリアできたら理想だよね」と思う課題からAをつけていけばいい。

ここでありがちな事態として、すべてにAをつけてしまうことがある。なんの効果もない課題を書き出す人はいないはずなので気持ちはわからなくはない。しかし、それでは優先度の意味がないので、すべてAだとしたら、「そのAの中での、Ａ・Ｂ・Ｃ」と分けていく必要がある。もちろん、情報が少なくて課題の達成がもたらすインパクトが比較しづらい場合もあるだろう。

例えば、ダイエットで10キロ減らしたいという人が「運動をしないといけない」と「食事制限をしないといけない」という2つの課題のどちらが大事なのかと言われたら、即答できない可能性もある。

でも、そのような状況になったらネット検索やＡＩとの対話くらいは誰でもするはずだし、今後もＰＤＣＡを回し続けるのであれば、それくらいの手間など大したことはないはずだ。

もちろん、それらを行ってもなお、答えがわからないこともある。

そのときは自分にとって最も納得感があった説を選んでみればいい。

ＰＤＣＡは仮説思考であり、仮説が間違っていたらあとで課題設定を変えればいいだけの話だ。

## 2 時間

ここでいう時間とは、「その課題をクリアするまでにかかると想定される時間」のことだ。

課題レベルの話であるため「1日に割く時間 × 日数」といった工数の計算は難しいは

ずだ。ここでは課題が達成されるまでに要する「期間」を考えればいい。「1週間くらいかかりそうかな」「1ヶ月はかかりそうかな」くらいの粗さで構わない。

時間がまったく見えない課題の場合は、「?」マークで処理すればいい。

また、ゴールの期日直前まで継続するような勉強系の課題であれば、期日をそのまま時間に記入する。ちなみに、課題が「時間効率」にまつわる場合は、その課題を達成することで生まれる時間は「インパクト」であり、ここでの時間とは「時間効率を上げるまでに要する期間」だ。

ここで重要なことは、あらためてゴールで設定した期日を意識することである。インパクトの大きい解決案があったとしても、どう考えても期日までに間に合わないものであれば、この時点でリストから消しておくといいだろう。

## 3　気軽さ

少ない予算（組織の場合はマンパワーなども）で着手できるものや、リスクが少なそうなもの、または心理的な障壁が低いものから重みをつける。

心理的な障壁を含むことについては賛否が分かれるところだろうが、少なくとも個人でPDCAを回しているならそこで無理し過ぎる必要もないし、むしろ気軽にできそうなものからどんどんやっていけばいいと思う。やはり人間は気持ちが乗るものならいくらでもできるし、継続することも苦ではないからだ。

また、どうしても気乗りがしないものに関しては、外部の協力を得る、または同僚などとコミュニケーションをとって、仕事をスイッチングしてもらうという選択肢も検討すべきである。

## 優先度づけのヒント

さて、4つの指標を書き込んだら、いよいよ優先度を振って3つに絞る。

このとき、各基準の重みづけは各自が任意で決めて構わない。企業であれば、この判断基準の重みづけにその会社の個性が現れるといっていい。

私がおすすめする選び方は次の通りである。

❶インパクトの最も高いものを最低でもひとつ選ぶ
❷インパクトが劣っても短い時間でできそうなものがあれば選ぶ
❸同列の課題が並んでいたら、気軽さを基準にして絞り込む

「気軽さを指標にしてしまうと易きに流れて成果が出ないのでは？」という指摘もあるだろう。ただ、ここで気乗りしない課題を切り捨てて、気軽にできるものだけに着手したとしても、検証フェーズで効果が出ないことがわかれば結局は課題を入れかえることになる。

　でもそのときは、気軽にできるものはすでに試したあとなので、今まで気乗りしなかった課題であっても「やらざるを得ない」状況になっている。場合によっては、「やっぱりこの課題をクリアしないといけないんだ」と状況が整理されることで、今まで気乗りしていなかったものであっても前向きな姿勢になっていることもよくあることである。

## 図2-2　絞り込まれた課題

### 営業編

| | インパクト | 時間 | 気軽さ | 優先度 |
|---|---|---|---|---|
| プレゼン勝負になると勝てない | B | 1ヶ月 | A | B |
| スケジューリングが下手で1日に3件しか回れない | A | 1ヶ月 | B | A |
| ~~ヒアリング能力が低い~~ | ~~B~~ | ~~3ヶ月~~ | ~~C~~ | ~~C~~ |
| ~~早口になってしまうことが多い~~ | ~~C~~ | ~~1wk~~ | ~~B~~ | ~~C~~ |
| 第一印象が悪い | A | 2wk | B | A |

### 英語編

| | インパクト | 時間 | 気軽さ | 優先度 |
|---|---|---|---|---|
| 長文問題を読むのに時間がかかる | A | 3ヶ月 | A | B |
| ~~ビジネス表現に疎い~~ | ~~B~~ | ~~3ヶ月~~ | ~~B~~ | ~~B~~ |
| リスニング力が弱い | A | 3ヶ月 | A | B |
| わからない単語が多い | A | 3ヶ月 | A | A |
| ~~試験で緊張してしまう~~ | ~~B~~ | ~~?~~ | ~~C~~ | ~~C~~ |

ちなみにこのステップでは課題をふるいにかけたが、この後も解決案についてふるいをかけるし、解決案をアクションに分解したものについてもふるいをかけるし、検証を行った結果の調整案についてもふるいをかける。

4回も優先度づけを行うことを面倒に感じるのも無理はない。しかし、PDCAが肥大化して、中途半端な状態で破綻しないようにするためには不可欠な作業だ。

それに、実際に私たちはさまざまな課題を抱えながら生活を送っている。何もひとつのPDCAサイクルだけに全力を傾けられるわけではないし、時には気が滅入るほど時間に追われることもあるだろう。

そんなときに「すべてをやる必要はない。でも、優先度の高いことだけはやろう」と割り切れることは非常に大事なことだと思う。そのための優先度づけだと思えば、こうした手間も建設的に思えてくるはずだ。

## ステップ⑤ 各課題をKPI化する

課題が絞り込まれたら、次はそれらの課題を数値化していく。

みなさんご存知のＫＰＩ（Key Performance Indicator）、つまり結果目標だ。ゴールの定量化と同じで、検証フェーズで客観的に進捗状況を把握するためのものであり、ゴールに近づくための「サブゴール」のことだと思えばいい。

数値化しやすいものであれば比較的簡単だが、若干厄介なのが定性的なものだ。例えば、「社員のモチベーションが低いこと」のような課題だ。

場合によっては、人事コンサルティング会社を使ってアンケート調査を行う前提で、「モチベーションが高い社員の割合を7割にする」ことがＫＰＩになるかもしれない（そのためには現状の把握が必要なので、アンケートは最低2回行う必要がある）。

しかし、「部下から心を開いてもらえない」という課題だとなかなかアンケートは難しい。でも、どのような課題であってもＫＰＩ化はできる。

例えば「1日に5分以上、雑談できたかどうか」といった基準で数値を追うこともひとつの手段だし、自己評価で「今日は部下から自分にどれだけ話しかけてくれたかどうか」で点数づけをし、週平均の数値を追うこともできる。

この場合であれば、私は後者をおすすめする。

さすがに対話ができたかできていないかは自己評価であっても間違えることはないので、自己評価であっても基準が曖昧になることはないだろう。

また、課題をＫＰＩ化しようとすると、大抵の場合、複数の選択肢が考えられる。すべてのＫＰＩを追う必要はないので、この時点で各課題のＫＰＩをひとつに絞るとい い。ＫＰＩを絞るときに使う基準は、できるだけ頻繁に検証でき、なおかつ成果がその数値に正確に反映されるものだ。

例えば英語の勉強をしているときに、演習問題の正解率は確かに成果を反映したＫＰＩではあるが、例えば単語力を鍛えることが課題のときにリーディングの演習問題をＫＰＩにしてしまうと、純粋に単語力が伸びたのかどうかわかりづらいし、検証をするためには演習問題を解かないといけない。それよりも、巷に溢れている単語テストアプリを使って、その正解率をＫＰＩに使えば、単語の勉強の成果を正確に反映できる上に検証も楽だ。

また、ＫＰＩはあくまでも「目指すべき結果」であって、行動の目標ではないことも付け加えておく。

先の例で言えば「笑顔のトレーニングをするセミナーに参加する」ことや「部下全員に1日1回会話を仕掛ける」ことは行動目標であり、次の実行フェーズで設定するものなので混同しないように気をつけたい。「セミナーに行った結果、どうなりたいか」「会話を仕掛けた結果、どうなりたいか」の『どうなりたいか』の基準となるものがＫＰＩだ。

## 図2-3 課題のKPI化

### 営業編

| 課題 | KPI |
|---|---|
| プレゼン勝負になると勝てない | プレゼンの勝率　30% → 50% |
| | ~~上司からお墨付きをもらう　0回 → 1回~~ |
| スケジューリングが下手で1日に3件しか回れない | アポイント　1日3件 → 6件 |
| 第一印象が悪い | **受付突破率　5% → 15%** |
| | ~~自己評価でAを付ける割合　60% → 100%~~ |

【最重要KPI = 受付突破率】

### 英語編

| 課題 | KPI |
|---|---|
| 長文問題を読むのに時間がかかる | ~~長文読解速度　60文字／分 → 80文字／分~~ |
| | TOEICリーディングPart 7の設問を1分で解ける割合　70% → 90% |
| リスニングが弱い | ~~リスニングパート演習問題300点 → 400点~~ |
| | リスニング演習アプリの正解率70% → 80% |
| わからない単語が多い | ~~単語数7000語 → 9000語~~ |
| | **単語練習アプリの正解率60% → 80%** |

【最重要KPI = 単語の正解率】

KPIで大切なことをもうひとつだけ付け加える。

3つの課題からは3つのKPIが決まることになるが、その中から「最重要KPI」を定めることが重要だ（ステップ③で最もインパクトが高い課題のKPIが、それに該当するはずだ）。新規開拓営業なら往々にして最重要KPIは「新規開拓件数」に影響するKPIであり、TOEICであれば「覚えた単語の数」に直結するKPIだろう。

最重要KPIとは、それを達成できた暁にはゴールに大きく前進するサブゴールであるため、その他のKPIとは別格扱いにするべきだ。

毎日検証をする必要はないかもしれないが、ベタな方法ではあるものの、紙に書いてオフィスに貼り出したり、少なくとも毎日数字を追うくらいの、徹底した意識づけをはかりたい。

## ステップ⑥ KPIを達成する解決案を考える

KPIを決めたら、その数値を達成するための解決案を考えないといけない。

解決案とは「大まかな方向性」のことだと考えてもらえばいい。ここで考えた解決案は、この先に解説する実行フェーズで、一段具体的なアクション（DO）へと分解され、さらに具体的なタスク（TODO）に落とし込まれていく。解決「策」とするとDOやTODOと混同すると思って、あえて解決「案」としてある。

KPIによっては解決案が共通する場合もあるので、解決案を書き出すときはKPIごとに分けて書く必要はないが、ひとつのKPIにつき、最低ひとつは案を考えるべきである。また、ほとんどの場合はひとつのKPIから複数の解決案が出てくるはずだ。特に課題が抽象的であればあるほど解決案も多岐にわたる可能性が高い。

また、課題（KPI）によっては解決案が明確な場合もある。

例えば勉強や仕事のスキルセットに関するものであれば、解決案はそのテーマについての教材を探し、時間を確保してひたすら勉強をすることだ。このように、「やるかやらないか」によって成果が変わる課題（KPI）についてては答えが出しやすい。

厄介なのは「フォロワーを増やす」（KPI：SNSの企業ページの「いいね！」を100件に増やす）といった他人の反応に関わる課題や、「チームの実行スピードを上げる」（KPI：電話アプローチ件数50％増）といった複雑な要因が絡み合っている課題の場合だ。

そうした一筋縄ではいかない課題については、「なぜ現状、そうなっているのか」とい

## 図2-4 KPIを達成するための解決案

### 営業編

【最重要KPI = 受付突破率】

| KPI | 解決案 |
| --- | --- |
| **プレゼンの勝率**<br>**30% → 50%** | 優れたパワポを取り寄せて分析する |
| | プレゼンがうまい先輩に同行させてもらう |
| | 同僚に擬似プレゼンをしてフィードバックをもらう |
| **アポイント**<br>**1日3件 → 6件** | 業務の無駄を見つけ、省く |
| | 後輩に回せる仕事を回す |
| | タクシーの利用許可を上司に打診する |
| **受付突破率**<br>**5% → 15%** | **笑顔を鍛える** |
| | **発声トレーニングのセミナーに行く** |
| | **営業術の本をたくさん読んでヒントを探す** |

### 英語編

【最重要KPI = 単語の正解率】

| KPI | 解決案 |
| --- | --- |
| **TOEICリーディングPart7の設問を1分で解ける割合**<br>**70% → 90%** | 長文問題の過去問を何回も解く |
| | 毎日英字新聞を読む |
| | 1問50秒で解く練習をする |
| **リスニング演習アプリの正解率**<br>**70% → 80%** | 教材音源を毎日聞く |
| | 洋画をたくさん観る |
| | オンラインで個人指導を受ける |
| **単語練習アプリの正解率**<br>**60% → 80%** | **単語帳を買ってひたすら覚える** |

う要因分析が必要になる。その際、解決案のアイデアがすんなり出てこないということは、要因は自分の視野の「外」に隠れている可能性が高い。

そこに気づくためには自分の思い込みを取り払う必要があるわけだが、それを一人で行うことはなかなか容易ではない。こうしたときに本や先輩・上司、アドバイザー、コンサルタントなどの「外部の目」の出番になる。

そうした外部の協力を得てもなお、自信の持てる解決案がわからない場合もあるだろう。時間的な制約や人的・金銭的リソースの制約からそこでの判断に一点張りしないといけないようなケースであれば、必死に悩めばいい。しかし、そのようなケースは滅多にないし、もしそうだとしたらそれは計画と実行で完結してしまう話なので、そもそもＰＤＣＡと呼ぶべきなのかも怪しい。

もしその後に修正のチャンスがあるのであれば、解決案に確固たる自信がなくても、さっさと実行に移して検証すればいいのだ。その際はもちろん、仮に仮説が間違っていても、致命傷を負わない程度にリスクを抑える必要はある。

こうしたＰＤＣＡの考え方は、いずれもベストセラーになった内田和成氏の『仮説思考』（東洋経済新報社）や、エリック・リース氏の『リーンスタートアップ』（日経ＢＰ社）の考え方と限りなく近い。すなわち「これかな？」と思ったらさっさと検証してブラッシュアップしていけばいい、という考え方だ。

## ステップ⑦ 解決案を優先度づけして絞る

最初はたったひとつのゴールから始まったこの計画フェーズも、ここまでくると複数の解決案が紙に並ぶ状態になる。

ここに残った解決案は少なくとも「やったほうがいいもの」(Nice to have) 以上のものであるはずだ。そのため、理想はすべて実行に移すことであるが、すべてを抱えて中途半端に終わりそうなら、ステップ④と同じように優先度をつけていく。

ただ、先ほどの課題の絞り込みのきとは異なる点がいくつかある。

ひとつは、優先度づけの基準だ。「インパクト」「時間(工数)」「気軽さ」に加え、ここではさらに「実現可能性」についてもABCの3段階で評価していく。

非常に大きなインパクトが得られるものであっても、実現できる確率について考慮する必要があるからだ。

そして絞り込む際は、最重要KPIの達成につながる解決案については最低1つ、でき

## 図2-5 絞り込んだ解決案

### 営業編

【最重要 KPI = 受付突破率】

| | インパクト | 時間 | 気軽さ | 実現可能性 | 優先度 |
|---|---|---|---|---|---|
| ~~優れたパワポを取り寄せて分析する~~ | ~~B~~ | ~~10hr~~ | ~~A~~ | ~~B~~ | ~~B~~ |
| ~~プレゼンがうまい先輩に同行させてもらう~~ | ~~B~~ | ~~10hr~~ | ~~C~~ | ~~C~~ | ~~C~~ |
| 同僚に擬似プレゼンをしてフィードバックをもらう | A | 2hr | B | A | A |
| ~~業務の無駄を見つけ、省く~~ | ~~A~~ | ~~1wk~~ | ~~C~~ | ~~A~~ | ~~A~~ |
| 後輩に回せる仕事を回す | A | 1hr | B | A | A |
| タクシーの利用許可を上司に打診する | B | 0.1hr | C | B | B |
| 笑顔を鍛える | B | ? | A | B | B |
| 発声トレーニングのセミナーに行く | C | 3hr | B | C | C |
| 営業術の本をたくさん読んでヒントを探す | A | 10hr | B | A | A |

### 英語編

【最重要 KPI = 単語の正解率】

| | インパクト | 時間 | 気軽さ | 実現可能性 | 優先度 |
|---|---|---|---|---|---|
| 長文問題の過去問を何回も解く | A | 30hr | A | A | A |
| ~~毎日英字新聞を読む~~ | ~~B~~ | ~~90hr~~ | ~~C~~ | ~~B~~ | ~~B~~ |
| ~~1問50秒で解く練習をする~~ | ~~A~~ | ~~30hr~~ | ~~B~~ | ~~B~~ | ~~B~~ |
| 教材音源を毎日聞く | A | ? | A | B | B |
| ~~洋画をたくさん観る~~ | ~~C~~ | ~~40hr~~ | ~~A~~ | ~~C~~ | ~~C~~ |
| オンラインで個人指導を受ける | A | 12hr | A | A | A |
| 単語帳を買ってひたすら覚える | A | 90hr | B | A | A |

れば2つ残す。

さらに、それ以外のKPIについても、できれば最低1つの解決案を残すことが望ましい。

つまり、最終的には同時に4つの課題の解決にあたるくらいが理想だ。

しかし、PDCAサイクルは回し続けるものなので、とりあえず最重要KPIについては行動を起こして、まだ余裕があったり、またはテコ入れが必要だと判断したりしたときには、解決案を追加しても構わない。

また、「時間（工数）」については、実際の作業にかかりそうな延べ時間（1日ごとに費やす時間 × 日数）を書くといいだろう（どうしてもわからない場合は「?」でも構わない）。ここで工数を書き出すのは厳密な比較をするためではなく、「すぐにできそうなもの」をできるだけ切り捨てないためだ。

最終的な絞り込みをするときの判断基準を整理するとこうなる。

❶ 最重要KPIについては最低1つ、できれば2つ以上残す
❷ それ以外のKPIについても、できればインパクト重視で解決案を1つは残す
❸ 短時間で終わるものについてはインパクトが弱くても残す

なお、ここで切り捨てた解決案については、後々のサイクルで復活する可能性もあるので、書き出したものを後から見返せるように保存しておきたい（これは他のステップにも言える）。

## ステップ⑧　計画を見える化する

以上で基本的な計画は立てられた。

もしチームでＰＤＣＡを回している場合は、ここまでのプロセスをできる限り文章や数字など、計画書として共有すること。特に計画者と実行者が異なるとき、実行者に解決案だけをポンと渡したところで「仕事は振られたが、なんのための仕事かわからない」という事態が起きる。実行者のモチベーションはチームの実行スピードに直結するので極めて重要なことだ。

また、個人でＰＤＣＡを回す場合でも、計画の文字通りの「見える化」、特にＫＰＩを目立つところに書き出しておくことを強くおすすめしたい。

## 定期的にPDCAの目的を再確認する

ステップ①の冒頭で、ゴールがないとPDCAは始まらないと書いた。

ここに付け加えたい質問が1つだけある。

「そもそも、なぜそのゴールを目指すのか？」

人はときに、長期的な目線を忘れて短期に走り、マクロな視点を忘れてミクロに走り、本質を忘れて形式に走る。特に日々の業務に忙殺されている人や、昔からの慣習に縛られ思考停止に陥っている組織などに起きやすい。

よってPDCAを回し始める前に、あらためてその「背景」、つまりPDCAを回すそもそもの目的を意識することが大切になる。

そのように確認した結果、起きうることは次の2つだ。

### 常に最短距離に近いPDCAを回すことができる

PDCAを変更するのは、次のような場合だ。

例えば、周囲に有名な資格を持つ人物がいて、「自分もその資格を取得すればキャリアアップに役立つ」と考え、すぐに試験日までのスケジュールを立て、学習計画を組むことがある。ここまではよくある流れだ。

しかし、あるときふと立ち止まって「なぜこの資格を取りたいのか？」と自問してみると、意外にも「周囲に遅れをとりたくない」「資格を持つ人を見てなんとなく羨ましく感じた」という、あまり前向きとはいえない動機に気づくかもしれない。

そこでさらに「自分はいったい何をしたいのか。将来、どうなりたいのか」と深掘りして考えてみると、「本当はマネジメントスキルを高めたい」「将来的に独立してコンサルタントとして活躍したい」など、資格とは別の方向性が見えてくる場合がある。

もしそれが明確になったなら、「その資格がなくても、必要な実務経験やネットワークづくりに時間を使うほうが近道ではないか」と再検討することが可能だ。そうなると、その時点で「資格取得」のＰＤＣＡをいったん止め、「必要なスキルや人脈を優先的に整える」ＰＤＣＡを新たに回すほうが合理的だという結論に至るかもしれない。

このように、自分のゴール設定が外的な要因や他人との比較に引きずられていないかを見極めることで、ムダなＰＤＣＡを回さずに済む。深く問い続ける姿勢こそが、最終的には最短ルートでの成長や成果へとつながっていく鍵となるのだ。

組織でありがちなのは、良かれと思って一部の有志が新しいことを始めてみたはいいが、実は経営陣の考える方向性とは真逆であるようなケースだ。

真逆であることを承知で、会社を変革すべく行うのであれば構わない。しかし、単なる浅い思慮のせいで、良かれと思ったことが逆の効果になってしまうこともある。それではもったいない。これは視野の広さの問題だ。

どんな会社も何かしらの目標を立てて動いている。それを実現するために経営者層が大PDCAを回し、各部署が中PDCAを回し、社員たちが小PDCAを回しているイメージだ。よって、PDCAを回すときはその価値があるのかどうかを適宜確認する必要がある。ホウレンソウが大事なのも、上司とPDCAのベクトルをすり合わせるためだ。

それを怠ると、せっかくのPDCAも徒労に終わってしまう可能性がある。

## PDCAに自信を持ってリソースをつぎ込める

上位PDCAを再確認するメリットのひとつは、「いま取り組んでいるPDCAに、迷いなくリソースを投下できるようになる」という点だ。

例えば、上司から「デジタルマーケティングの資格を取得してみないか」とすすめられ、半年後の試験合格を目指すと決めたとしよう。そこで学習計画を立ててPDCAを回し始めたとしても、「なぜ自分はこの資格を取りたいのか?」という問いが曖昧なままだと、途中でモチベーションが下がる可能性がある。

このときこそ、上位ＰＤＣＡを振り返る絶好の機会だ。「将来、どんなキャリアを築きたいのか」「自分の強みをどう生かしていきたいのか」など、長期的なビジョンに目を向けてみると、「自社のマーケティング戦略をリードしたい」「ゆくゆくは独立してビジネスを展開したい」など、より大きなゴールが見えてくる場合がある。

もしこれを再認識できれば、いま勉強しているデジタルマーケティングの知識が自分のキャリア・将来像に直結していることに気づき、「この資格の取得こそ将来への投資だ」という確信が持てるようになる。

逆に、長期的な目的を見出せないと「本当に必要なのか?」と疑問を抱えたまま勉強を続けることになり、途中で挫折するリスクが高まる。

したがって、短期的なＰＤＣＡの意義を確認するためには、上位のビジョンやゴールを定期的に振り返る作業が欠かせない。

また、グーグルが採用しているＯＫＲ（Objectives and Key Results）の考え方は、この点を明確にするのに有効だ。すなわち、まずはObjectives（目標）を定め、それを達成する上で最重要となるKey Results（主要な成果指標）を設定し、行動を起こしていく。

こうすることで「資格取得」が単なるスキルアップにとどまらず、自分が描く長期的なキャリアやビジネス戦略に直接結びつくプロセスだと理解できる。結果として「この資格に合格することは、まさに自分の目指すゴールの重要な通過点だ」という確信が生まれ、資金や時間などのリソースを迷わず投入できるようになるわけだ。

要するに、上位ＰＤＣＡをしっかりと確認し、長期ビジョンと現在の学習目標が結びついていると確信できれば、短期的なＰＤＣＡに自信を持って臨めるようになる。それは学習意欲を高めるだけでなく、成果につながる行動を加速させる原動力となるのだ。

## ときに思考のリミッターを外す

「自分にかけている制限は、ただの記憶だ」

『7つの習慣』を日本に紹介したことで有名な経営コンサルタント、ジェームス・スキナー氏の言葉だ。

人は自分の経験や知識（つまり記憶）をもとに、「これくらいならできそうだ」「これはさすができない」と、自分の可能性に上限を設けようとする。

しかし、有名な「ノミの実験」（本来2ｍジャンプできるノミが、数日間、高さ50㎝のカバーをかけられるとカバーを外したあとも50㎝以上飛べなくなるという実験結果）のように、限界とは本人の思い込みにすぎないことが多い。せっかくポテンシャルのある人が、それを活かし切れていないケースをよく見る。よってＰＤＣＡを回す際も、ときに非常識な計画を考えることが大切だ。

例えば次のような問いだ。

「3ヶ月後に会社の売上を5倍にするにはどうしたらいいか？」

いくら向上心のある経営者でも月商1億円の売上を3ヶ月で5億円にすることなど想像すらしないだろう。したとしても5年計画くらいの話かもしれない。

しかし、あえてリミッターを外して5億円を達成することを考えてみると、今までとは比較にならない次元でのゴールと現状とのギャップ、およびその課題が見えてくる。それは、おそらく小さなＰＤＣＡを回すくらいでは対応できないレベルの話になるだろう。

まったく新しいビジネスモデルを生み出す必要があるかもしれないし、既存の商品であっても今までとはまったく異なる売り方を考える必要があるかもしれない。

このとき9割のケースでは、「やっぱり無理だ」という結論に至るだろうが、残りの1

割では「もしかしたら、あながち無理な話ではないかもしれない」と思えるかもしれない。

それがブレイクスルーの入り口になる。

こうした気づきは自分の常識にとらわれすぎているとなかなか見えてこないので、リミッター外しの思考は、人や組織の成長に不可欠だ。もっと言えば、起業家とはこうした一見、絵空事のようなことを実現する人たちのことである。

私は昔からリミッターを外すことが習慣になっている。

野村證券に入社したときのゴール設定は、「1年目で3年目までの社員の中で1位、2年目で7年目までの社員の中で1位、3年目で全社員の中で1位になること」だった。

結果的には全社員1位の座は取れなかったが、1年目と2年目はぶっち切りで3年目までの社員の中で1位になれたし、3年目には7年目までの社員の中で1位になれた。

その後、私はハーバードのビジネススクールに行くことをゴールに定めた。TOEICを真剣に受けて375点のレベル程度の状態でのゴール設定だったので、周囲は呆れたはずだ。結果的にハーバードなど欧米のビジネススクールを受けるチャンスはもらえなかったが、ゴールから逆算して鬼速でPDCAを回した甲斐あって、念願であった海外でのビジネススクールに会社派遣として行くことができた。

こうした経験から言えることがひとつある。とてつもないゴール設定をするとその手前くらいまでは余裕で行けてしまう、ということだ。

## PDCA内での案出しの幅も広がる

リミッターを外す対象はゴール設定だけではなく、解決案を考えるときも有効だ。

例えば私は社内で部下から相談を持ちかけられたときには、このような質問をよくする。

「他にも同じくらいインパクトがあることが3つあるとしたらどういうことだと思う？」

これも一種のリミッター外しだ。

そこで相手がひるまずに3つくらい解決案を挙げてきたら、「じゃあ、さらに3つあるとしたらなんだろう？」と続けて聞く。すると大抵、部下は「あと3つもあるの？」と驚いた表情をする。

ここまでいくと答えはすぐに出てこないが、そこで私は手を貸さない。

部下の脳内では必死に思考のストレッチをしているわけだから、そこで「ないなら別にいいけど」などの助け舟を出しては意味がない。

こうやって部下が絞り出してきたアイデアは、実際にかなりいい線を行っているものも含まれる。ほとんどの人はそこまで絞り出そうとしないので、そのきっかけを与えるだけで新たな突破口が見つかることになる。

または、このように質問することもある。

「事態は把握した。で、仮に○○さんがこの会社の社長だとしたらどう対応する？」

職域、職責といった制限を完全に取り払ってしまうのだ。ここでも相手は一瞬戸惑った表情をするが、そのあと熟考して面白いアイデアを提案してくることもあるし、その結果、「自分はいつも小さいＰＤＣＡばかり考えていたけど、実はもっと大きなＰＤＣＡを回したほうがいいんじゃないか」といったことに気づくケースもある。

ちなみに先ほど触れたノミの実験だが、50㎝しか飛べなくなったノミを再度２ｍ飛べるようにする方法は簡単で、その場に２ｍ飛べるノミを投入するだけなのだそうだ。脳のストレッチをすることによって自分も飛べることを認識できるのである。

フェーズ❷

# 因数分解

## 仮説の精度を上げる

## ＰＤＣＡの速さと深さは因数分解で決まる

私の中で、鬼速で走るＰＤＣＡとは、運転で例えれば「だろう運転」に近い。「安全運転」が目的ではなく、「最速運転」が目的のＰＤＣＡでは、高い仮説精度で大きな事故を避けながら、アクセルベタ踏みで「だろう運転」をしたほうが当然早く着く。よって、鬼速ＰＤＣＡには仮説精度の向上が欠かせない。

そして、その仮説精度を支えるのが『因数分解能力』だ。

数学で使う言葉になぞらえているが、要するに、「ゴール」と「現状」を構成する因子をどんどんリストアップしていく。

因数分解というくらいなので私がいつも使うのは「式」だ。

こうした数学的なアプローチでもいいが、文系の方でもわかりやすいのはロジカルシンキングでよく使われる「ロジックツリー」であろう。やることは同じなのでここではロジックツリーで説明したいと思う。

百聞は一見にしかず。左のロジックツリーを見てほしい。最上端にくるのが因数分解の対象である。

一例として、ここでは「いい上司」にしてある。

もしいい上司になることが課題であれば、「どうやったらいい上司になれるか?」といきなり悩み始めるのではなく、まずは「いい上司とは何か」と因数分解していけばいい。おそらく「いい上司」といっても、「人間的に魅力がある」か、「ビジネス的に魅力がある」かで大きく分けられるはずだ。

そして「人間的な魅力」といってもさまざまな要素がある。

こうやって物事を分解することによって、より具体的に、より個別の事象にフォーカスを当てながら課題をリスト

**図2-6　ロジックツリーの例**

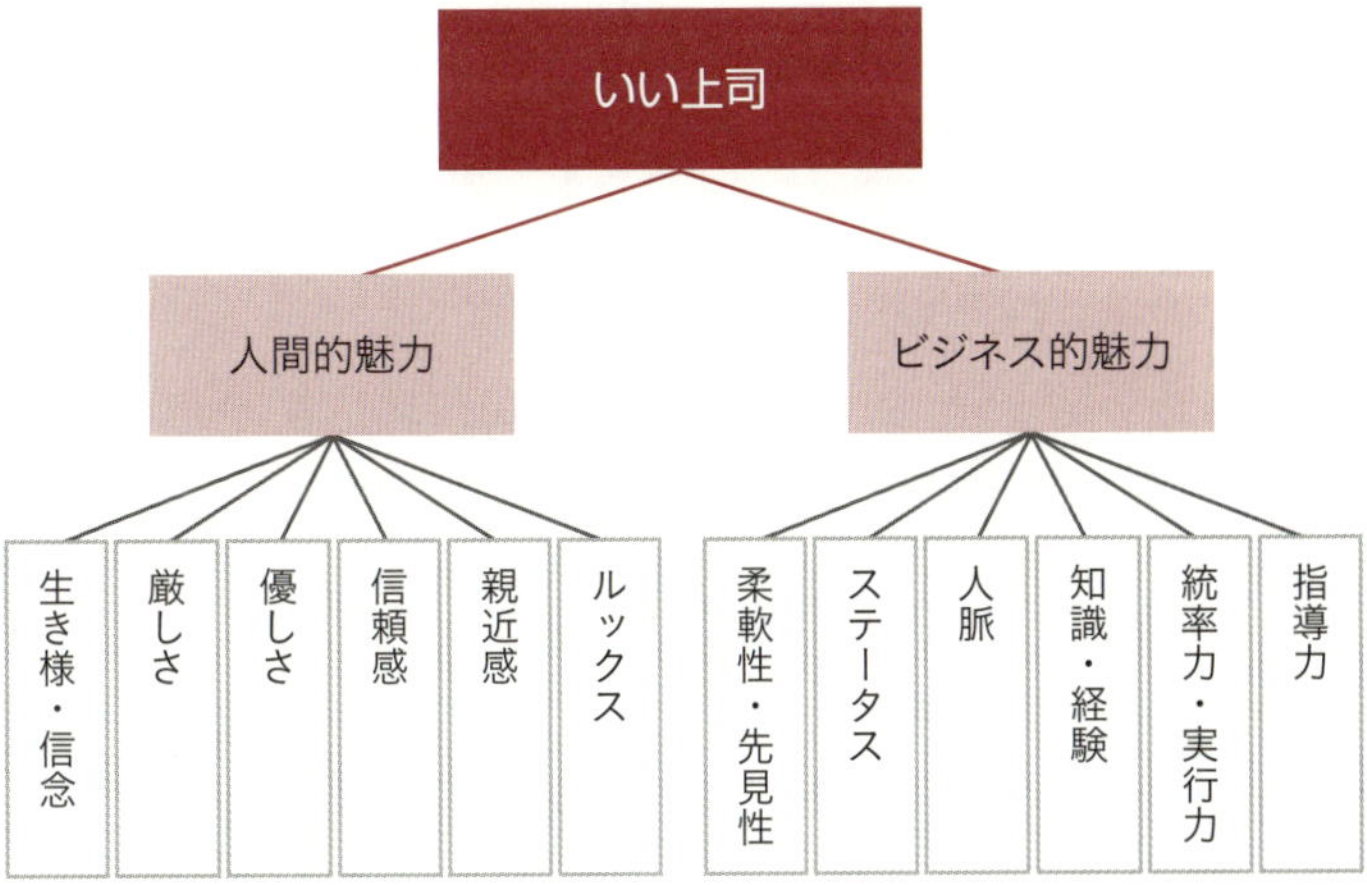

アップし、それぞれのギャップを把握し、解決案を立てられる。もちろん、課題を比較することによって、より最速かつ現実的なルート設定もできる。

ゴールが比較的シンプルであれば、因数分解を意識しなくてもそれなりに成果は出せるが（だから初級編では踏み込んでいないのだが）、ゴール設定が高いもの、より大PDCAに近いもの、または外的要因が複雑に絡み合っている難易度の高いゴールなどを成功させるには、どうしても因数分解（ロジックツリー思考）が不可欠になる。

このように書き出したアイデアは、マインドマップを用いて整理するとよい。マインドマップはロジックツリーの集合体のようなものである。

以前はパソコンでマインドマップを自力で作成していたが、現在はAIを搭載したツールを使用している。私が愛用しているのは、マインドマップ生成AIツールの「Mapify」だ。これは長文や画像、音声をもとに瞬時にマインドマップを作成してくれるものだが、テーマを入力すれば、課題として考えうる要素を数段階先まで分解してくれる。その要素の中から、明らかに大きな課題と思われるものについてさらに質問を重ねれば、より細かく因数分解することが可能だ。

# 因数分解のメリット

因数分解をするメリットには、次の5つがある。

## 1　課題の見落としを防ぐ

PDCAを回しているのになかなか成果が出ず、その原因もわからないときは、今の自分にはない視点から切り込む必要があるわけだ。

因数分解をせずに頭でひたすら課題や要因を考えても、せいぜい4、5個の視点しか持てないだろう。しかし、あるテーマを20個の因子に分解したら、それは「20個の視点を持った状態」と同じである。よって因数分解能力を鍛えると課題の見落としが劇的に減る。仮説精度を高めていくにはこの効用はきわめて大きい。

## 2　ボトルネックの発見がしやすい

因数分解を何回かしていけば、現状とのギャップが大きくて、なおかつそれを是正したときのインパクトが大きいいわゆるボトルネックが、ピンポイントで浮かび上がってくる。

ぼんやりと課題に取り組むよりは、そのピンポイントに手間と時間と金を注力したほうが、アウトプットが増大するのは当然だ。

## 3　KPI化しやすい

課題が具体的になればその定量化も簡単だ。例えば営業成績のアップを目指すときに因数分解が甘くて自分の課題が明確になっていないと、定量化できる指標は「契約件数」や「売上」「利益率」などしかなくなる。しかしそれでは総合的な結果の検証しかできないので、本当に課題が解決できているのかわからない。

そこで因数分解をした結果、自分のボトルネックが「メールでのポテンシャル先へのアプローチの返信率が、平均値よりかなり低いこと」だと判明すれば、メール返信率を最重要KPIとして設定し、同僚の文面を参考にさせてもらったり、本でピンポイントなことが書かれている箇所を勉強したりと、解決案もフォーカスできる。

## 4　どんなゴールでも実現可能に思えてくる

仮に「幸せになる」というテーマで因数分解を進めたとしよう。

それを本気で完成させたら因子の数は、軽く1000個は超えるはずだ。

確かにものすごい数ではあるが、それはすなわち「この1000段の階段を上っていけば幸せになれる」という意味でもある。「幸せになるにはあと何段の階段を登り続ける必要があるのだろうか？」と先の見えない状態で前進するよりも、一歩踏み出す際の気持ちは強くなるはずだ。

ゴールと現状の途方もないギャップだけを見せつけられて断念する人がいても仕方ない。しかしそれを分解してしまえば、ギャップの正体は上《のぼ》りやすい階段の積み重ねにすぎないことがわかる。因数分解は、目の前の壁を細かいパーツに砕くためのツールなのだ。

## 5　PDCAが速く深く回る

課題の漏れが減り、ボトルネックが見え、KPIが正確になり、解決案も絞ることができる。このように最初の段階でギャップを「深く」因数分解をすることで計画フェーズのすべてのステップの精度が高まることになる。精度が高ければ検証と調整フェーズでの軌道修正も小さくなるので、PDCAは「速く」回るようになる。

「PDCAは速く、深く回せ」とはそういう意味である。

それにゴールやKPIと解決案との因果関係が明確になると、それまで「やりたくない」と思っていたことでも「成果が出るならぜひやりたい」と向き合い方が変わる。これは実行フェーズのスピードに大きく影響するので、PDCAのスピードはさらに速く回るのである。

## ポイント① 抽象度を上げてから分解する

ここからは因数分解をするときの6つのポイントを挙げる。

ロジックツリーの上部に置くものを専門書などでは「論点」や「イシュー」と呼ぶ。イシューとは英語で「課題」のことだが、本来はギャップに潜む課題発見のための因数分解なのに、「最初に課題を置け」と言われても混乱すると思うので、ここでは「テーマ」としておく。

「テーマ」にはPDCAにおける「ゴール」をそのまま置くとは限らない。

例えば、経営者が「経常利益10億円を目指す」とゴールを立てたら、因数分解をするときのテーマは「利益構造」にするといいだろう。するとロジックツリーの2段目は「売上」と「コスト」に分解されるはずだ。

もちろん「経常利益10億円」をロジックツリーに置いてもいい。

ただ、その場合は2段目の段階から「売上は50億円で、コストは40億円かな」といった具合に、いきなりスケールの大きな仮説設定が求められる。経営者にとって会社の数字は見慣れたテーマなのでこうしたアプローチも可能だろうし、そのほうが因数分解も速いが、テーマによっては混乱する。

最も的確なのは「利益構造」といった一般的なテーマにして、まずはいかに細かく分解するかにフォーカスし、あとから数字を当てはめたほうが結果的に早いことが多い。

テーマを分解していく過程で、明らかに大きな課題だと思われる要素が浮き彫りになったら、今度はその課題をテーマにして、新たなロジックツリーを作ってみるのも手だ。これはPDCAサイクルを大きなテーマのまま扱わず、分解された大きな課題それ自体を、中PDCA、小PDCAとして独立させたほうがいいことと同じ意味である。

## ポイント②　5段目まで深掘りする

ロジックツリーを見ればすぐにわかるが、因数分解はやりだすとキリがないように感じることもある。明らかにそれ以上分解しても意味がないと思ったら、それ以上、無理に分解する必要はない。

ただ、現実問題として多くの人は因数分解の深度が浅い。

当社でも、いくらメンバーに「なるべく細かく因数分解しよう」と言っても、ロジックツリーの3段目くらいまでで終わるパターンが多かった。

例えば「チームのアウトプットを2倍にアップする方法」を考えてもらっても、「コミュニケーションが課題です」と真顔で報告してくることもあった。また「新規サービスの営業手法」を考えてもらっても「やはりSNS広告がいいと思います」と言うなど、一筋縄ではいかなかったころもあった。

コミュニケーションの何が課題なのか、どのSNS広告をどうやって使えばいいのかまで考えていない。そうした甘々の因数分解では課題は見えにくく、PDCAも回しづらい。

私の経験上、深掘りをするときの深さの基準は5段目だ。

そこまでいくと課題が具体化しているので、解決案も具体的なものを思いつきやすくなり、さらに次の実行フェーズでも迷いが出にくい。繰り返すが、ロジックツリーを5段目まで埋める必要はない。課題となりそうな箇所だけを5段目以上深掘りすればいい。

また、これもロジカルシンキングの基本だが、因数分解の階層を深めるときは「WH

## 図2-7 WHYツリーの例

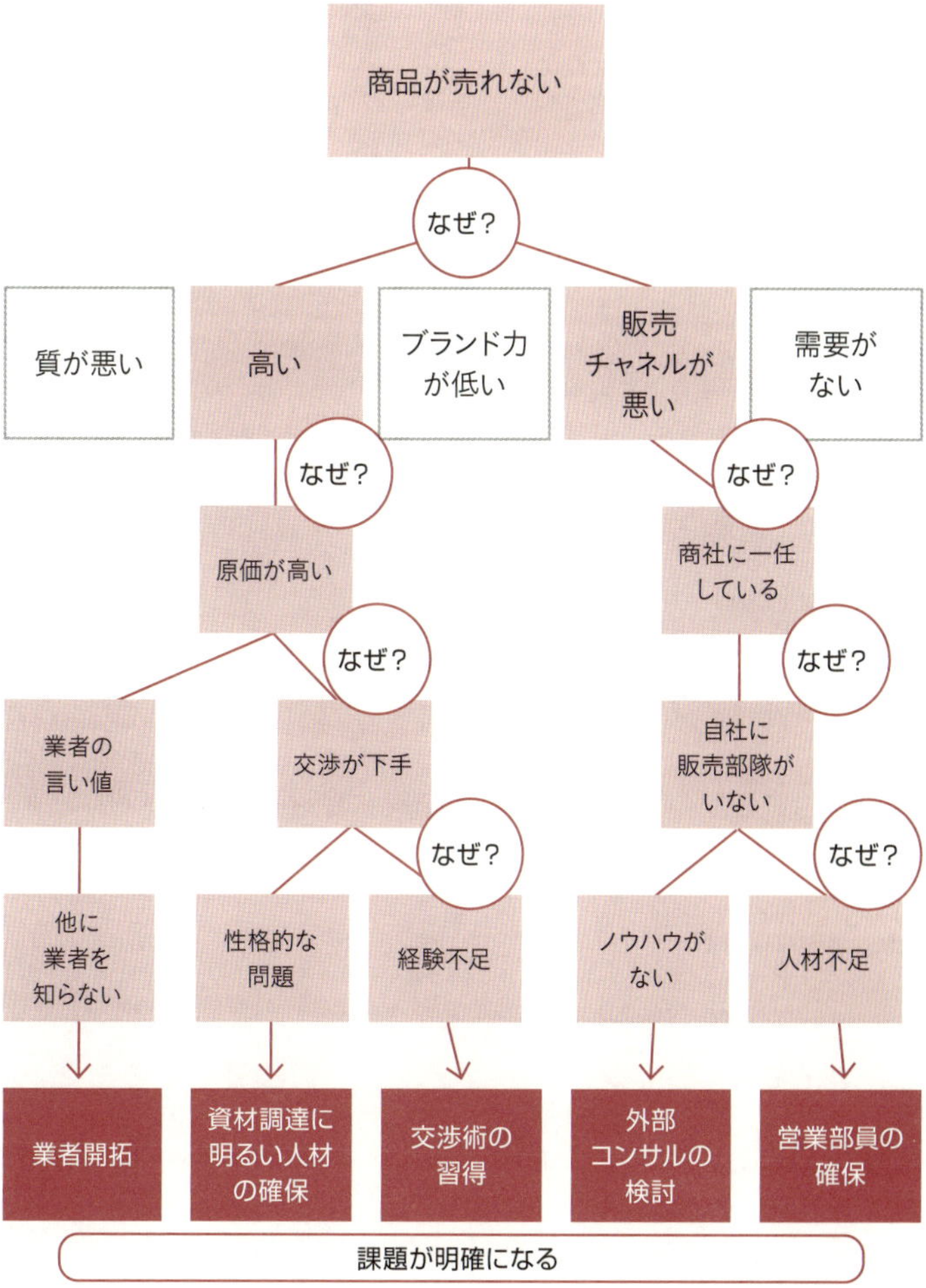

Y」を繰り返すWHYツリーか、「HOW」を繰り返すHOWツリーの2通りしかない。

要因を見つけるときは、「なぜ（できないのか？／できたのか？）」を繰り返し、課題や解決策を見つけるときは、「どうやって（構成されているのか？／達成するのか？）」の問いをすればいい。

この2つの質問はPDCAにおける魔法の質問だ。

## ポイント③ 1段目だけはMECEを徹底する

ロジカルシンキングをかじったことがある方なら「MECE」についてはご存知だろう。初見の方のために簡単に説明すれば「漏れなく、重複なく分類すること」で、ミーシーと読む。因数分解（ロジックツリー）においてMECEはワンセットで考えられているくらい重要な概念だ。というのも、ロジックツリーを広げていくときの分類の仕方はひとつではない。というより正解はない。

しかし、最終的な課題やボトルネックはそうした分解を進めていった枝葉のどこかに潜んでいるはずであり、分類の過程で「抜け」があるとその課題を見落とすことになる。逆にＭＥＣＥを徹底していれば、どんな分類の仕方をしても、最終的には課題に行きつくことができるのだ。

例えば、時間の効率活用を目指して、1日の行動を洗い出すとする。分類の仕方はいろいろ考えられる。「午前」と「午後」から分けてもいいし、「3時間単位」で分けてもいい。では「職場」と「自宅」で分けたらどうか？　これでは自宅にも職場にも該当しない「移動中の時間の使い方」や「飲み会に参加するときの時間の使い方」などが抜け落ちる。

ただ、階層が深くなるにつれ毎回ＭＥＣＥを意識することはあまりに時間がかかる。それが心理的な負担になって因数分解が甘くなってしまっては意味がない。

よって私は、最上端のテーマを分解する1段目だけは、ＭＥＣＥを徹底することを奨励している。さすがにこの段階で「抜け」が発生すると、その下位にくるすべての課題が検討対象から外れてしまうので、最初の計画段階での精度がガタッと落ちるからだ。

それ以降はできるだけ知恵を絞ることは当然だが、あまり厳格になる必要もないだろう。仮に抜けがあったとしても、それに検証フェーズで気づくことができれば修正は可能だ。

## ポイント④
# 切り方に悩んだら「プロセス」で切る

問題解決の方法を説く本などではロジックツリーの最初の切り方が重要だと言われる。しかし、そう難しく考える必要はない。

最も確実で、最も簡単な方法は、プロセスで分解することだ。

例えばメールアプローチで営業をかけている担当者が売上を伸ばしたいとすると、ロジックツリーにおけるテーマは「メールアプローチ」になる。それをプロセスで切れば次のような順番になるだろう。

**メールアプローチをプロセスで切った場合**

リスト準備→送信→アポ取り→ニーズ喚起→提案→検討→成約→リピート

これぞ「漏れなく、重複なく」メールアプローチを分解したものである。あとはプロセスごとにさらに因子を分解していけばいい。

仮にプロセスの分解で「コンタクト→交渉→フォロー」と大雑把に切ったとしても、

それがMECEである限り、次の3段目で分解するときに「リスト→送信……」といった粒度に落ち着くはずで、行き着くところは同じである。

こうやってプロセスで切ると、課題だと思っていたことが大した課題ではなかったことに気づくこともある。

例えば「声が小さいこと」が自分の課題だと思っていた営業マンが、営業プロセスを分解していった結果、「そういえば声以前の問題で、自分は事前準備が全然できてないよな」と気づくかもしれない。

または「美味しい料理を出しているのに顧客が増えない」と悩んでいる飲食店経営者が、飲食店利用者の行動プロセスを分解してみた結果、実は「料理の質」は課題のひとつにすぎず、それ以外にも「接客の質」や「価格設定」や「マーケティング」といったさまざまな課題（未達のギャップ）があることに気づくかもしれない。

他にも当社のようにウェブサービスを運営している企業で、「ユーザー数が増えない」と悩んでいるチームがあるのであれば、ユーザー数が増える経路を分解し、「SEO対策により検索順位上昇」「SNSでのシェア・拡散」「PRとしてメディアやブログでの紹介」などに分解することで、課題を適切に考えることができるようになるだろう。

こうした気づきを得られるのが、プロセスで分解する強みだ。

よって、もしあなたが課題抽出や解決案で悩んだとき、または部下が悩んでいるときは、「普段どういうプロセスでその仕事をやっているか?」という問いから始めるといい。

それが毎日やっていることであればその問いに答えられないわけがない。

だから簡単、かつ確実なのだ。トヨタ自動車他製造業などの工場では、作業プロセスを実際に動画撮影して、効率的なプロセスを可視化するという手法もあるという。

仮に自分の知らないことにチャレンジする場合や、どういったプロセスがあるのかわからない場合は、「切り方」にフォーカスして経験者に聞いたり、本を読んだりすればいい。

例えば、管理職になりたてでチームマネジメントで重要なことがわからなければ、管理職の先輩を5人くらい捕まえて聞くことだ。すると、やれ「ゴール設定だ」「アメとムチだ」「日々の対話だ」とさまざまな意見が出てくるはずだが、それらはすべて因子であり、収斂《しゅうれん》する先はいくつかのパターンしかない。

ということは、それらは少なくとも「筋のいい仮説」であると言える。

## 本の目次から切り方を学ぶ

切り方が分からない場合におすすめするのは本の目次だ。

例えばある日、社長の思いつきで突如あなたが自社のコンテンツマーケティング担当に任命されたとする。コンテンツマーケティングが何なのかも知らない状態だ。そんなときは関連書をいくつか買ってくればいい。

たまたま手元にコンテンツマーケティングの本があるので目次の一部をここに抜粋する。

3―2コンテンツマーケティングを成功させる5つのステップ

1　ゴールの設定
2　ペルソナ設計
3　コンテンツ設計
4　エディトリアルカレンダーの作成と運用
5　KPIの測定

（『商品を売るな』宗像淳著、日経BP社より）

このように綺麗にプロセスに分解されている。あとは他の著者の本も何冊か見て、漏れがないかだけを確かめればいいだろう。

基本的に実用書の章立てはプロセスごとに切ってあることが多い。テーマによってはシーン別であったり、ターゲットごとであったりもするが、それらも立派なＭＥＣＥなのでそこから始める手もありだ。

ちなみに私は20代に数え切れないほどのＰＤＣＡを回してきたが、例えば睡眠の質を改善しようとＰＤＣＡを回したときも、直ぐにAmazonにアクセスし、関連本を20冊近く買ったものだ。そして目次を比較して筋のいい仮説が見えたら、その仮説にのっとった本の中で一番わかりやすそうな本だけを読んだ。こうすることで、１週間前まで睡眠の素人だった自分でも、ボトルネックの発見は簡単になる。

## ポイント⑤ 簡単な課題は「質 × 量」で切る

因数分解はプロセスで切ることが簡単で確実だと書いたが、２段目、３段目もプロセスで切れるとは限らない。

そこから先をＭＥＣＥで分類するコツは「質 × 量」で切ることだ。

私は昔からどんな成果も「質 × 量」で成り立つという考え方をしている。物理の初歩である「距離 ＝ 速度 × 時間」の式も、結局は「走る能力（質）」と「走った時間

（量）」の積が、「走った距離（成果）」である。

よって「営業力」「生産性」「収入」「新規採用」といった大きなテーマも、「質×量」で切ればMECEは成り立つ。

例えば私は野村證券時代、プロセス以外の切り方として、新規開拓の成果を下のように因数分解して、末端に並ぶ因子をすべて課題としていた。

ただ、この切り方は何回も因数分解を経験していないとなかなか精度の高いものはできない。最初から「DMの返信率」「検品精度」「上司のフォロー」「インバウンドのヒット率」といった比較的小さいテーマを扱うのであれば「質×量」で切ったほうがいち早く（慣れてく

## 図2-8 「質 × 量」で切った場合

<table>
<tr><td rowspan="7">新規開拓成果</td><td rowspan="3">量</td><td rowspan="2">自分時間の最大化</td><td>モチベーションマネジメント</td><td>目的・目標明確化</td></tr>
<tr><td>タイムマネジメント</td><td>TODO 明確化<br>優先順位づけ</td></tr>
<tr><td>自分以外の活用</td><td>ツール</td><td>各種メール</td></tr>
<tr><td rowspan="3">質</td><td rowspan="2">インプット</td><td>金融知識</td><td>金融知識</td></tr>
<tr><td>金融以外の知識</td><td>政治＋趣味＋歴史＋文化＋…</td></tr>
<tr><td>アウトプット</td><td>PDCA</td><td>PDCA の回転速度<br>回転数</td></tr>
</table>

れば）ボトルネックが見つけやすいが、やはり比較的大きなテーマであればまずプロセスで切ったほうがいいだろう。

プロセスで切っても結局は「質×量」に行き着くはずだ。そして「質」とはかならず「率」で考えることができる。

例えば先ほどのメールアプローチのプロセスも、もう1段分解すると下の図のように考えることができる。

「質×量」で物事を切る習慣が身につくと、目標を達成するときの解決案の偏りを防ぐことができる。よくあるのはボトルネックと聞くと「やり方」や「スキル」といった「質」の分解ばかりをして、「量」については「時間をかければいいよね」といった次元で因数分解が終わり

**図2-9　メールアプローチの「質×量」**

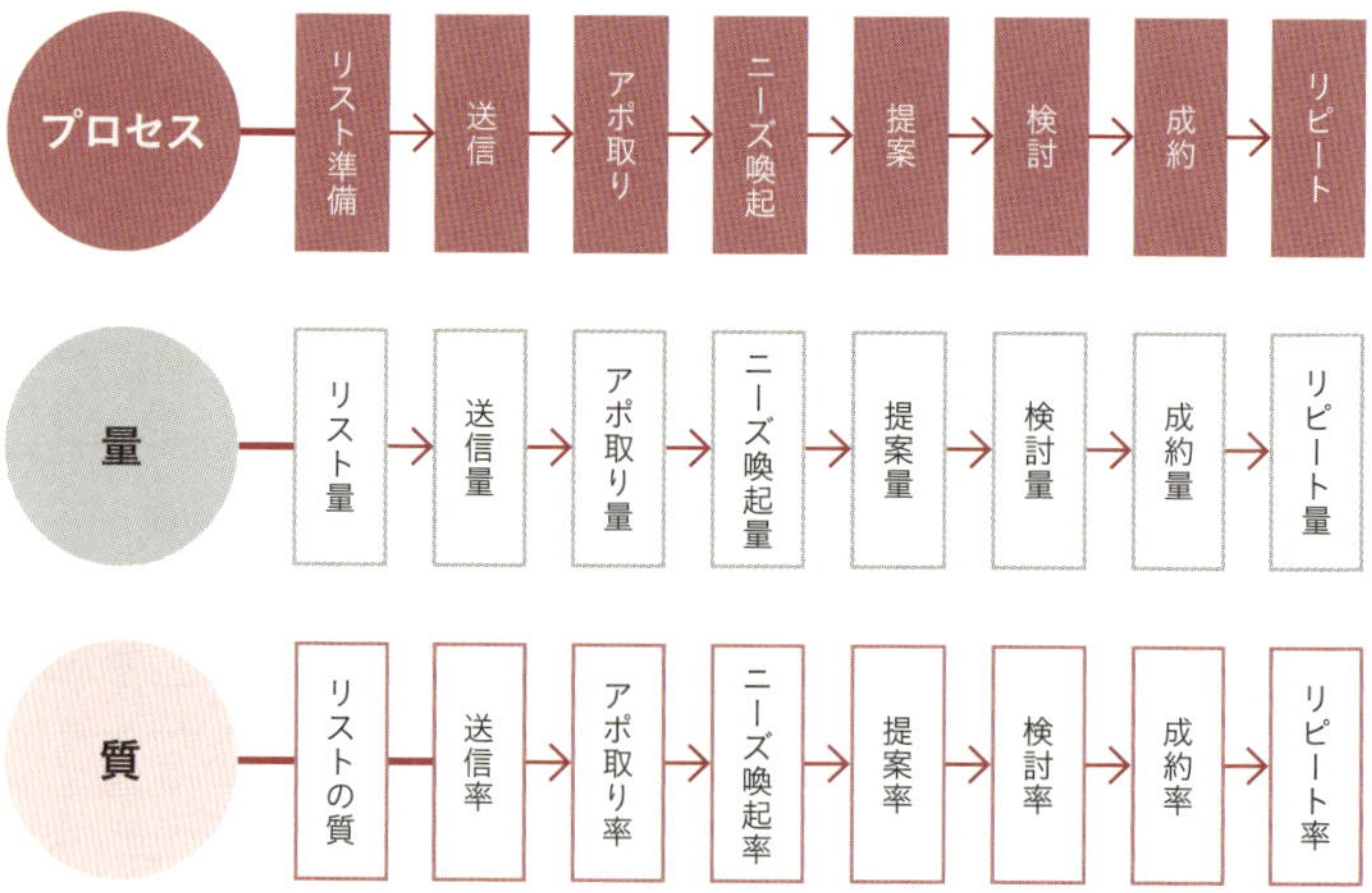

やすいことだ。

しかし、先ほどの私の因数分解の例のように「時間」は「タイムマネジメント」「モチベーション」「ツール」によって構成されていることに気づく。

つまり、接触件数を増やしたいなら、タイムマネジメント力をアップさせたり、モチベーション維持の工夫をしたり、積極的に同僚の手助けを得たり、各種ビジネス補助アプリを使ったりすることで、ようやく時間は増やせるということだ。

しかも、ここで挙げた「時間」を構成する因子は大抵どんな仕事にも当てはまる汎用的な課題だ。個人レベルでも組織レベルでもそうだ。だとすれば中長期で見たときに優先順位が高いのはこれらではないのか、という考え方もできる。

私の場合、昔から因数分解をするたびにこの「モチベーション」「タイムマネジメント」「ツール」の3つの因子に行き当たっていたので、今の私は自他ともに認めるタイムマネジメントマニアで、モチベーション維持マニアで、ツールマニアだ。

というよりもＰＤＣＡを回す習慣がある人はこうした汎用スキルは必然的に身につけている。

一例を挙げよう。営業マン時代、私は新規開拓のツールのひとつとして潜在顧客に対して、名刺を添えた業界資料を一方的に郵送していた。広告は捨てられるが有益な情報は捨てられにくいとわかっていたからだ。

しかし、飛び込み営業で忙しく、余力がないときもあった。おそらく時効なので白状するが、支店長に内緒で派遣スタッフさんにこっそり資料と名刺と郵送リストを渡して、代わりに送ってもらっていた。これはツール（外部補助）とタイムマネジメントを考え、行き着いた策だ（派遣スタッフさんと日頃から仲良くしておく課題も含まれる）。

## ポイント⑥ 迷わず書き出してみる

私が社内の課題解決にあたるとき、因数分解を細かくやらなくても高い精度で課題が潜むエリアを特定できるのは、過去に散々因数分解をしてきたベースがあるおかげだ。

ではどうやったら因数分解が上達するのか？ 基本はとにかく書き出すことだ。

やり方にこだわらず、とにかく思いつくことを箇条書きにするだけでも効果的だ。それにより、思考プロセスのどこかで無限ループにはまっている状態から抜け出すことができる。

私もよく課題抽出や課題解決で浅い分解しかできないときには、すぐさま手帳や携帯を取り出してアイデアを書き出す作業を日常的にやっていた。

ちなみに私は5年ほど前から、音声認識機能の向上に合わせて、音声入力の使用比率を高めてきた。音声をテキスト化するスマホアプリの進化は著しく、移動中など文字を入力しづらかったりテキストが入力できなかったりするときはもちろん、普段からタイピングするより音声入力をメインに活用している。

## 鬼速クエスチョン

### 計画編

- あなたが達成したい目標はなんですか？
- なぜあなたはその目標を達成したいのですか？
- その目標はあなたの現状に対して低すぎる可能性はありませんか？
- 達成したい目標と現在の状況を比較すると、どのようなギャップがありますか？
- そのギャップを埋めるには、どのような課題が考えられますか？
- そのうち上位３つの課題は何だと思いますか？
- 課題を達成できたかをあとから定量的に振り返れるように課題を数値に置き換えるとどのようなものになりますか？
- その数値をクリアするためにどのような解決案が考えられますか？
- 解決案の中で、効果、時間、気軽さ、実現可能性の４つの観点から優先順位を決めると、どうなりますか？

# 3章

# 実行する（DO）

D

フェーズ❶

# 行動力

確実にやり遂げる

# 解決案とDOとTODOの違い

実行フェーズとは、組織でいえば解決案を業務フローに落とし込み、チームであれば担当者にアサインし、行動スケジュールも切って予定通りにやりきることまでを含む。こう書くと比較的理解しやすいだろう。

ただ、実際にこれから説明に入るにあたって紛らわしい用語があるので先に整理をしておく。実行フェーズで最初に行うことは、前回の計画フェーズから受け継いだ解決案（課題解決のための方向性）を実現するために必要なアクションを考えることだ。

このアクションを、本書では「ＤＯ」と表現する。

例えば、「会社の数字に強くなる」という解決案をＤＯにすると「簿記の本を読む」といったものが出てくる。

しかし、ＤＯのままでは実際の行動に移しづらい。

そこで、ＤＯをもう一段具体的なタスクレベルに分解し、スケジュール設定までする。

こうやってスケジュール化されたものを「ＴＯＤＯ」と呼ぶ。「今日中に駅前の本屋で簿記の本を3冊買う」「1週間ですべて読む」といったレベルの話になる。

つまり、解決案を分解したものがDOで、DOを分解したものがTODO。分解するたびに数は増えていく。

わざわざアクションをDOとTODOで2階層にしている理由は、1階層だとDOの状態で仕事を抱えっぱなしになることが多いからだ。

簡単なDOや緊急性の高いDOなら、さすがにすぐTODO化して終わらせるだろうが、手間のかかりそうなDOや緊急度の低いDOほど「わかってはいるが着手しづらい」状態になりやすい。強制的に2階層で考える習慣をつけることで「DOまで考えたけど、まだTODO化していないな」と気づくきっかけとなる。

各ステップの解説に行く前に、PDCAサイクルがこのフェーズで頓挫《とんざ》してしまうケースを紹介しよう。

## 実行できないケース1　計画自体が失敗している

ひとつ目が、計画自体が失敗しているときだ。

計画が失敗する可能性としては次の3つが考えられる。

❶計画がない＝「まあなんとかなるんじゃないですか」
❷計画が粗い＝「課題はざっくり見えていますが、解決案はあまり考えていません」
❸計画が無茶＝「課題も解決案もわかっています。絶対に無理だと思いますけど」

1番目の「計画がない」ケースはさまざまな職場で、時々起こることだ。

例えば社長の思いつきで突然、新規事業が立ち上がるようなときだ。役員会レベルでは自分たちが実行役ではないことをいいことに、ノープランのままあるチームに丸投げをする。言ってみればリレーで第2走者にバトンを渡し忘れている状態だ。第2走者のチームリーダーはそのままでは走れないのでバトンを取りにスタートライン（計画フェーズ）に戻ろうとするが、社長の肝入りプロジェクトなので毎日のように役員が顔を出し、「まだ動いていないのか！」と怒り出す。しょうがないので手探りのまま動き出すも、課題すら見えていないので迷走を続けることになる。

または仮に役員会から計画が降ってきた場合でも、どう考えても人手が足りないのに、「それをどうにかするのが君の仕事だろ」と突き放されたら打つ手がなくなる。これが3番目の「計画が無茶」なケースだ。

個人のＰＤＣＡでは2番目の「計画が粗い」ことが非常に多い。

それを象徴するのが読書だ。

ビジネス書からたくさんの刺激を受けて、「やっぱり自分ってこのへんが課題なんだよな」とせっかく気づいても、それを具体的な解決案に落とし込まないから9割の人は読んで終わりになってしまう。

## 実行できないケース2　タスクレベルまで落とし込まれていない

計画はうまくいっても、それを組織の業務フローや個人のタスク、さらに具体的な行動スケジュールに落とし込むまで細分化していないので、結局やるべきことが不明瞭なまま時間だけが過ぎていくケースだ。

あと一歩なのだが、その一歩が大きい。世間でいう「計画倒れ」の正体はこれである。

実はこのケース、積極的に権限移譲をする管理職が率いるチームでよく起きる。実際に職場で起きやすいのはこういった会話だ。

上司「本件で注意すべき点はこんなところだ。これ、お前一人でやってみるか？」
部下「あ、ありがとうございます！　課題も見えているので心配ありません！」

（1週間後）

上司「そういえばあれ、どうなった？」
部下「実は、若干、方法で悩んでいまして……」

はたから見ると「部下を信用しているいい上司と部下」の関係に見える。でもこの上司も部下も勘違いしているのは「計画ができていればすぐに行動に移せる」と思い込んでいることだ。

正直に言えば、私もかつて部下に同じことをしたことがある。私自身がPDCAの鬼だったので「これくらいなら部下も考えられるだろう」とタカをくくってしまったからだ。

権限移譲は部下のポテンシャルを引き出したり、短期的にはやる気を生み出したりするメリットもあるが、見極めを誤ると部下が苦しみ続け、逆に著しいモチベーションの低下にもつながりうる。

実行速度を上げたいのであれば上司は部下に対して「これをやれ」で終わらせずに、部下自身で「どうやってやればいいのか」を判断できる能力があるか正しく見極め、そのレベルに合わせてPDCAが軌道に乗るまで丁寧にフォローする必要がある。

特に曲者なのが優先度の高い解決案だ。

優先度が高いものを今までやってこなかったのにはそれなりの理由がある。実は想像以上に複雑な仕事で、前任者はそれを知って放置していたことかもしれない。その場合はやはり上司としても行動レベルのブレイクダウンまで手助けする必要がある。

ただし、逆にマイクロマネジメントになりすぎて、手取り足取り細かい指示を与えてしまうと部下の性格次第では著しくモチベーションが下がり、必ず成果に悪影響を及ぼすので、その点だけは注意したい。

## 実行できないケース3　失敗することが恐い

いざ計画を立てても「情報が足りない」「思考の整理がついていない」「リスクが見えづらい」などの理由から仮説に自信が持てず、行動に気後れする人は大勢いる。

中止にする決断を下すならまだしも、「どうしようかな。やっぱりやめようかな。でもなあ……」といつまでも煮え切らない態度をとるのだ。

当社で浸透している文化のひとつとして「行動ファースト」がある。

「悩んでいるならやってみよう。やることで課題が見える」という発想だ。

この発想のベースは仮説思考だ。

正解などそもそもないのだから、ある程度仮説を立ててたらやるしかない。いくら調べてもわからないものはわからないし、不安を解消するための情報収集は往々にして莫大な時間を消費し、大した成果は得られない。

だとしたら最初から失敗しても擦り傷程度で終わる範囲で動けばいいというのが「行動ファースト」である。部下がチャレンジに失敗しても「これで仮説の精度が上がるね」と声をかける。「仮説は修正するためにある」と思っているからだ。

身近な例でいえば、私はプレゼン資料を作るときはいきなり目次から作る。浅い知識であっても仮説は立てられる。目次を作ったらそれを肉づけするために生成AIと対話したり、本などの必要な箇所をピンポイントで読むといったように知識やデータを集めてくる。こうした肉づけ作業をしている過程で仮説も随時微修正していく（新しいことを学ぶので付け足すことが多くなる）。

心配性な人が同じ資料を作るとしたら、まずはひたすら情報集めに走るだろう。本を何冊も読み、ネットで調べ、人に聞く。確かにそこまでやれば仮説の精度は上がるだろうし、不安が解消されることもある。

ただ、すべての判断で石橋を叩いていてはスピードは一向に上がらない。

## ステップ① 解決案を「DO」に変換する

さて、実際のステップの解説に入る。実行フェーズは、５つに分けられる。

まずは、計画フェーズで絞り込んだ解決案を実際のアクションである「DO」に分解する。ただし、このDOにはさまざまな種類が考えられる。

### 解決案が具体的か抽象的か

解決案が抽象的だと、ここで考えられるDOの数は増える。これは正常なので問題ない。

一方で、計画段階でかなり具体的なアイデアが湧いていると、解決案がすでにDOレベルに落とし込まれているケースもある。

よって、すでにDOレベルの解決案があるのなら、それをそのままDOにしても構わないが、せっかくこのステップを踏むなら、あらためて他の手段（DO）はないのか検討してみることも大切である。

## 図3-1 DOのアウトプット

### 営業編

| 解決案 | DO |
|---|---|
| 同僚に擬似プレゼンをしてフィードバックをもらう | 同僚Aに協力を仰ぐ（完結型） |
| | 同僚Bに協力を仰ぐ（完結型） |
| 後輩に回せる仕事を回す | 上司の許可を得てから引き続ぐ（完結型） |
| | 定期的に仕事の棚卸しをする（継続型） |
| 笑顔を鍛える | セミナーに参加する（完結型） |
| | 動画を探す（完結型） |
| | 毎日、笑顔を意識する（継続型） |
| 営業術の本をたくさん読んでヒントを探す | 図書館に行く（完結型） |
| | Kindleで探す（完結型） |
| | 先輩から借りる（完結型） |
| | 10冊読む（完結型） |
| | 週に2冊ずつ読む（継続型） |

### 英語編

| 解決案 | DO |
|---|---|
| 長文問題の過去問を何回も解く | 過去問を買う（完結型） |
| | 点数が上がるまで繰り返す（継続型） |
| 教材音源を毎日聞く | 音源を探す（完結型） |
| | 通勤途中に聞く（継続型） |
| | 家でずっと聞く（継続型） |
| オンラインで個人指導を受ける | 塾を選び契約する（完結型） |
| | 週に1回受ける（継続型） |
| | 週に3回受ける（継続型） |
| 単語帳を買ってひたすら覚える | 単語帳を選んで買う（完結型） |
| | 寝る前の1時間を暗記にあてる（継続型） |
| | 1日最低5ページ分暗記する（継続型） |

**抽象的な解決案の場合はDOが複数出る**

解決案：体力を強化するべきだ

DO：ジムに行こう

DO：ジョギングを始めよう

DO：バランスのいい食事をとろう

DO：コンディショニングの本を20冊読もう

DO：パーソナルトレーナーをつけよう

**具体的な解決案の場合はDOとオーバーラップする**

解決案：ブロックチェーンの専門家を雇うべきだ

DO：ブロックチェーンの専門家を雇う

## 完結型のDOと継続型のDO

例えばスキルアップを目指すときに「セミナーを受講する」というDOは1回で終わる完結型であり、「1日10分、トレーニングをする」というDOは継続型である。また、「後輩に優しく接する」「ハキハキしゃべる」といった定性的なDOも、KPIを達成するまで毎日続けることなので継続型に属する。

ひとつの解決案に対して完結型と継続型のDOが混在するのは、いたって普通のことだと理解していればいい。

**完結型と継続型のDOが混在する**

解決案：クライアントともっと交流を深めるべきだ

DO：2ヶ月に1回、会食に行く（継続型）

DO：打ち合わせの前後の雑談時間を増やす（継続型）

DO：ゴルフに誘ってみる（完結型）

## ステップ②　DOに優先順位をつけ、やることを絞る

ここでは膨れ上がったDOを若干スリムにしていく。

解決案につき最低ひとつは実行に移したいので、解決案に対してDOがひとつしかない

場合は無条件に選ぶ。また、複数のＤＯがあっても「それをしないと始まらない」といった類のＤＯに関しては無条件で選ぶ（例えば、資格勉強をするときの「参考書を買う」といったＤＯ）。

それ以外の複数の選択肢があるものについては、あらためて「インパクト」「時間」「気軽さ」の指標で優先順位をつけ、やることを絞り込む。

このときの時間軸については、完結型のＤＯに関しては実際の行動にかかる延べ時間を概算すればいいが、継続型のＤＯに関しては効果が出るまで続けることなので、時間を記入する必要はない。

## 図3-2 絞り込まれたDO　営業編

| | | インパクト | 時間 | 気軽さ | 優先度 |
|---|---|---|---|---|---|
| 同僚に擬似プレゼンをしてフィードバックをもらう | 同僚Aに協力を仰ぐ | A | 2時間 | A | |
| | ~~同僚Bに協力を仰ぐ~~ | ~~A~~ | ~~2時間~~ | ~~B~~ | |
| 後輩に回せる仕事を回す | 上司の許可を得てから引き継ぐ | 無条件で選択 | | | |
| | 定期的に仕事の棚卸しをする | A | ― | A | |
| 笑顔を鍛える | ~~セミナーに参加する~~ | ~~A~~ | ~~4時間~~ | ~~C~~ | ~~B~~ |
| | 動画を探す | B | 1時間 | A | A |
| | 毎日、笑顔を意識する | A | ― | A | A |
| 営業術の本をたくさん読んでヒントを探す | 本屋で買う | A | 2時間 | A | A |
| | ~~Kindleで探す~~ | ~~A~~ | ~~1時間~~ | ~~B~~ | ~~B~~ |
| | ~~先輩から借りる~~ | ~~B~~ | ~~48時間~~ | ~~C~~ | ~~C~~ |
| | ~~10冊読む~~ | ~~A~~ | ~~20時間~~ | ~~C~~ | ~~B~~ |
| | 週に2冊ずつ読む | A | ― | A | A |

## 図3-3 絞り込まれたDO　英語編

| | | インパクト | 時間 | 気軽さ | 優先度 |
|---|---|---|---|---|---|
| 長文問題の過去問を何回も解く | 過去問を買う | 無条件に選ぶ | | | |
| | 点数が上がるまで繰り返す | A | — | A | A |
| 教材音源を毎日聞く | 音源を探す | | 無条件に選ぶ | | |
| | 通勤途中に聞く | B | — | A | A |
| | ~~家でずっと聞く~~ | ~~A~~ | | ~~C~~ | ~~B~~ |
| オンラインで個人指導を受ける | 塾を選び契約する | 無条件に選ぶ | | | |
| | 週に1回受ける | B | — | A | A |
| | ~~週に3回受ける~~ | ~~A~~ | | ~~C~~ | ~~B~~ |
| 単語帳を買ってひたすら覚える | 単語帳を選んで買う | 無条件に選ぶ | | | |
| | ~~寝る前の1時間を暗記にあてる~~ | ~~A~~ | | ~~C~~ | ~~B~~ |
| | 1日最低5ページ分を暗記にあてる | A | — | A | A |

## ステップ③
## DOを定量化する（「KDI」を設定する）

計画フェーズで各課題をKPIという形で定量化したように、実行フェーズでは「DO」を定量化する。

それが、KDI（Key Do Indicator）だ。

端的にいえば、「どれだけ計画を実行できたか」を表す指標だ。KPIと区別するために私が作った言葉だ。

KDIは、検証フェーズにおいて計画通りに行動に移せたかどうかを客観的に判断するための指標だ。よって、もし週に1回ペースで検証を行うのであれば、KDIもその周期に合わせて分解しておくことがとても重要だ。

例えば1000ページに及ぶ大作の本を読むことがDOだとしよう。そのとき、KDIを「本を読みきったかどうか」といった0か1の数値にしたり、または「全体の何ページ読んだか」といった全体から見た達成率にしてしまうと、週に1回の振り返りをしたときに「その週の目標」が達成できたのかどうかが不明瞭だ。

このような大きなゴールを達成するには、「毎週200ページずつ読む」といったようにこまめな行動目標を立て、毎週その達成率を確認しながら軌道修正をしていくことが必要だ。

この検証サイクルごとに細分化した目標のことを当社では「ラップタイム」と呼ぶ。これはKDIだけではなく、KPIでも同じだ。

## KDIを設定する目的

「KPIを決めてDOも決めたのなら、さっさと行動すればいいだけじゃないか」という指摘もあるだろう。

ではなぜKDIが必要なのか?

それは結果(KPI)は簡単にコントロールできるものではないからだ。

売上目標というKPIを設定したとしても、自分が気づいていない外的要因が潜んでいる場合もあるだろう。必ずしも100%の行動が100%の結果を生むとは限らない。それに結果が出るまでのタイムラグが発生するものがほとんどだ。

一方で、行動はやるかやらないか、できるかできないかの話なのでコントロールしやすい。もちろん行動の成果がKPIに表れない事態もあるかもしれないが、かといって行動をしなかったら当然KPIも動かない。だから自分が確実に行動に移しているかどうかを見える化し、逐一チェックすることが重要だ。

KDI化のコツは完結型のDOと継続型のDOで異なるので、それぞれ解説しよう。

## ｜完結型のDOのKDI化

完結型のDOの場合は、比較的数値化しやすい。例えば企画を考えるのであれば「何本」、テレアポをするのであれば「何件」といった数値に落とし込めばいいだけだ。

そして先ほど触れたように、DOに最終的に達成したい数値目標があったとしても、検証サイクルに応じて「ラップタイム」をここで計算しておくことがコツだ（基本的にはいつまでに達成するかを決めて、割り算をするだけである）。

DO：コンディショニングの本を20冊読む……20冊読む（ラップタイム：週2冊読む）
DO：パーソナルトレーナーをつけよう……（1人）契約する
DO：ブロックチェーンの専門家を雇う……（1人）雇い入れる
DO：ゴルフに誘ってみる……（1回）誘う

## 図3-4 KDIのアウトプット

営業編

| | DO | KDI |
|---|---|---|
| **同僚に擬似プレゼンをしてフィードバックをもらう** | 同僚Aに協力を仰ぐ | (1回) 擬似プレゼンをできたか |
| **後輩に回せる仕事を回す** | 上司の許可を得てから引き継ぐ | (1回) 上司の許可を得て引き継ぎをしたか |
| | 定期的に仕事の棚卸しをする | 3ヶ月に1回引き継げた率100% |
| **笑顔を鍛える** | 動画を探す | (1回) 参考になる動画が見つかったか |
| | 毎日、笑顔を意識する | ラップタイム達成率80% |
| **営業術の本をたくさん読んでヒントを探す** | 本屋で買う | (1回) 買ったか |
| | 週に2冊ずつ読む | ラップタイム達成率100% |

英語編

| | DO | KDI |
|---|---|---|
| **長文問題の過去問を何回も解く** | 過去問を買う | (1回) 買ったか |
| | 点数が上がるまで繰り返す | ラップタイム達成率80% |
| **教材音源を毎日聞く** | 音源を探す | (1回) ダウンロードしたか |
| | 通勤途中に聞く | ラップタイム達成率70% |
| **オンラインで個人指導を受ける** | 塾を選び契約する | (1回) 契約する |
| | 週に1回受ける | ラップタイム達成率100% |
| **単語帳を買ってひたすら覚える** | 単語帳を選んで買う | (1回) 買ったか |
| | 1日最低5ページ分を暗記にあてる | ラップタイム達成率100% |

## 2　継続型のDOのKDI化

継続型のDOは、ラップタイムで追うと確実だ。

例えば接客業に従事する人のDOが「目を見て挨拶をすること」だとする。これを無理やり数値化しようとしても、目を見られたかどうかを毎回メモするわけにはいかない。そんなときは「今日はお客様の目を見て挨拶できたか？」と毎日振り返りをして、点数をつけ、週単位などで平均値の推移を確認すればいいのだ。

そのために私が昔から使っているのが「ルーチンチェックシート」だ。

詳しくは4章で解説するが、これはいわば自分のためのアンケートである。先ほどの挨拶の例のように、実行できたか、できなかったかを感覚的に評価するしかない行動であっても、その日のうちに振り返れば比較的正確に把握できるので、雑な把握になりがちな継続的なDOの定着にはこれ以上便利なものはない。

毎日（または毎回）行うDOや、DOの段階ですでに自らにラップタイムを課してあるものであれば、純粋にそれが達成できたかどうかで追えばいいが、「ジム通いをする」といったように毎日行うものではないDOが出てきた場合は、この段階で自らにラップタイムを決め、その達成率を追うようにすればいい。同じく、カレンダーの繰り返し設定や未来のカレンダーに継続DOの記載をするとよい。

## ステップ④ DOを「TODO」に落とし込む

PDCAの典型的な罠なので何度も書くが、「何かをしよう」と決めたことは大抵の場合、DOのレベルで止まっており、具体的なタスクとして落とし込まれていない。具体的なタスクとは、「これなら今すぐに手をつけられる」というレベルまで落とし込まれたタスクだ。

DOのTODO化とはDOを実行の際に迷わないレベルまで分解することであり、当然ながら期日設定も含む。むしろ、期日を切らないからDOが放置されると言ってもいい。例を挙げるなら次のようなものだ。

DO

2ヶ月に1回、会食に行く

TODO
（今日中に）先方のスケジュールをメールで確認する
（日付が確定したら）店をネットで探す
（日付が確定したら）予約の電話を入れる
（日付が確定したら）自分の予定をブロックする
（予約が取れたら）先方に情報をメールで伝える
（予約が取れたら）上司に会食の旨を報告する

TODO化されたかどうかのひとつの基準はカレンダーやタスクリストに具体的に書き込めるレベルになっているかどうかだ。私の場合は、Googleカレンダーと万能アプリであるNotionとの組み合わせでこれらを管理している。

唯一の例外が継続型のDOでなおかつ定性的なものや意識的なもの（例：早口でしゃべらない）だ。これについては「ルーチンチェックシート」に反映させておく。

個人のPDCAでTODOを考える場合はこれで十分のはずだ。

また、チームでPDCAを回しているときはTODOの割り振りが必要になる。TODOを言い渡されたメンバーが勘違いをしたり、迷ったりしないためには、定番の6W3H

## 図3-5 TODOのアウトプット

営業編

| DO | TODO |
|---|---|
| 同僚Aに協力を仰ぐ | 今日中に打診／1週間以内に実施 |
| 上司の許可を得てから引き継ぐ | 今すぐ上司に確認／今週中に引き継ぎ |
| 定期的に仕事の棚卸しをする | 3ヶ月後の今日、実施 |
| 動画を探す | 今夜、夕飯を食べたあとに探す |
| 毎日、笑顔を意識する | ルーチンチェックシートへ |
| 本屋で買う | 今週中に駅前の本屋へ行き、買う |
| 週に2冊ずつ読む | ルーチンチェックシートへ |

英語編

| DO | TODO |
|---|---|
| 過去問を買う | このあとアマゾンで注文をする |
| 点数が上がるまで繰り返す | ルーチンチェックシートへ |
| 音源を探す | 3日以内に候補をリストアップし、ダウンロード |
| 通勤途中に聞く | ルーチンチェックシートへ |
| 塾を選び契約する | 1週間以内に候補をリストアップし、契約へ |
| 週に1回受ける | ルーチンチェックシートへ |
| 単語帳を選んで買う | 今日の帰りに本屋で買う |
| 1日最低5ページ分を暗記にあてる | ルーチンチェックシートへ |

に落とし込むと正確さが増す。

・WHO（誰が）
・WHOM（誰に）
・WHEN（いつ）
・WHERE（どこで）
・WHAT（何を）
・WHY（なぜ）
・HOW（どうやって）
・HOWMANY（どれだけ）
・HOWMUCH（いくらで）

ＤＯがＴＯＤＯに分解されると、もはや言い訳の余地もないので、必然的に「もうやるしかない」という気分になる。このメリットは実行力を考える上で果てしなく大きい。

## ステップ⑤
## TODOの進捗確認をしながら実行に移す

TODOが決まればあとは実行に移すだけだが、大事なポイントがひとつある。KDIの進捗確認は次の検証フェーズで行うが、TODOの進捗確認は実行フェーズに含まれるという点だ。

「この実行フェーズが終われば、自ずと検証フェーズに入るのだから同じことなのでは？」と迷う方に出会ったことがあるので簡単に説明する。

冒頭のPDCAサイクルの説明で書いたように、PDCAサイクルといってもその実態は実行のサイクルであり、それがこのステップ⑤だ。

この実行のサイクルを唯一脱するタイミングが、検証を行うとき、つまり個人であれば週ごとの振り返りであり、会社であれば進捗会議などにあたる。

そして本来、検証のタイミングではKPIやKDIを扱うべきだ。もちろん、TODOを実行するにあたって大きな問題が発生していたら検証フェーズで打開策を検討するが、TODOが滞るたびに次の会議まで問題を保留にしていては、あまりに時間の無駄だからである。よって実行速度を上げたいならＴＯＤＯの進捗確認は実行サイクルの中で行うべきであり、最低でも1日1回、理想を言えば1日数回行いたい。

わかりやすく言えば、毎朝、仕事を始める前にはその日のＴＯＤＯリストがある状態にして、予定より遅れていればペースを上げるといった「帳尻合わせ」を日中に何回かすべきということであり、継続型のＴＯＤＯに関しては毎日ルーチンチェックシートで達成率を確認すべきだ。

ＴＯＤＯをこまめに確認していれば大抵のことは少しペースアップしたり、昼休みを少し短縮したりするくらいでなんとか間に合うものだ。フルマラソンを走るときの1キロごとのペース配分の確認が検証フェーズだとすれば、ＴＯＤＯの確認は絶えず行うフォームの確認のようなものだ。

計画フェーズから散々考え抜いてきた結果として導き出されたＴＯＤＯをこなすことは楽しい。それはロールプレイングゲームでレベル上げをしているときに似ている。

ＴＯＤＯもレベル上げも、やることはもしかしたら地味な作業かもしれないが、その行動の目的が明確になっているので迷いはないし、それを終わらせれば必ず前に進むとわかっていれば頑張れるものだ。

結局、仕事が楽しくないのは、かけた労力に対して見返りがないからだ。金銭的な見返りの話であることが多いが、それと同時に自己実現を日々実感できることも非常に大事なことだと思う。さすがに内職作業のような単純なＴＯＤＯになってくるとゲームでスライムを倒すときのように得られる経験値やお金はごくわずかで、仕事を楽しむことは難しいかもしれない。でも、普通のビジネスパーソンでそのような仕事だけで１日が終わる人はまずいないだろう。

ＰＤＣＡを回していれば「やることにすべて意味がある前提」で動くことになるので、日々の充実感が増すのである。

## 「人」に潜むリスクに気を配る

実行サイクルを回すときに障害は付きものだが、当然ながらその障害を事前に察知して取り除いておけば、いち早く目的を達成できる。そのためには2章で説明したように、因数分解などで仮説の精度を高める必要があり、いかに事前にリスク、すなわち将来的に起こりうる課題を事前に想定できるかがポイントになってくる。

例えば、営業マンが数値目標を達成するための課題として「新規開拓に力を入れる」と決めたはいいが、「既存顧客からの大きなクレームが発生する」というリスクを想定しなかったとしよう。最初の課題抽出の段階で特定の課題を忘れてしまうと、最悪の場合、問題が顕在化するまで気づかない。

一度顕在化してしまうと課題解決には相当骨が折れるので、新規開拓どころの騒ぎではなくなるだろう。要するに、本来「既存顧客の定期的なケア」を課題として検討すべきだったのだ。

リスクの想定は何も計画フェーズでのみ行えばいいのではない。

ＤＯを考えるとき、ＴＯＤＯを考えるとき、または後の調整フェーズで改善案などを考えるときも、できるだけリスク要因にも気を配る必要がある。

経験上、人は自分に直接的に損失をもたらしそうな経済的リスクについては想像力が働きやすい一方で、「人」に関するリスクを忘れがちだ。厳密に言えば「他人の感情」にまつわるリスクだ。

「順調に仕事を進めていたら、報告を受けていなかった上司が怒鳴り込んできた」
「契約成立まではいったが、担当者は不服そうだった」
「これなら稟議は通ると思っていたら、思わぬ人が反対した」
「将来有望だと考えた部下を厳しく育てていたら、精神を病んで退社してしまった」

いずれも会社でよく見かける事態だが、共通しているのは、「他人の反応」や「他人の感情」にまつわるリスクということだ。

若手社員によくある途中経過を報告せずに完成形を上司やクライアントに見せて、大きくズレた結果、大掛かりな修正を迫られるようなケースも、若手社員が事前にリスクを想定して意識的にホウレンソウやコミュニケーションを密にとっていれば回避できた事態である。

もちろんこういったコミュニケーションを怠るのにはそれなりの原因があるわけだが、それも結局「報告しても小言を言われるから嫌だ」「上から目線で発言されるから苦手だ」といった好き嫌いの話であることも多い。

むしろ自分が苦手だと思う相手ほどこういったリスクが潜んでいると考え、周囲にも協力をもらいながら、すり合わせを用意周到にこなす必要があると私は常々思っている。

ただ、リスクが思い浮かんだとしても、確率的に考えて低い、または許容範囲のダメージだとわかっているなら、必ずしも新たな課題として追加する必要はない（つまりＫＰＩを決めたり解決案を考えたりする必要はない）。万が一そうした事態になったときの対処法を考えておくだけでもいいだろう。いわゆる「想定内のリスク」にしてしまうだけで、対処の初動は早くなる。

フェーズ❷

# タイムマネジメント

## 鬼速で動く

# なぜ、いつのまにか忙殺されるのか？

忙しさや業務難易度を心理的なステージに置き換えたものとして、コンフォートゾーン、ラーニングゾーン、パニックゾーンという3階層をご存知だろうか。

「コンフォートゾーン」は文字通り、居心地がいい状態。「やりたいことしかやらない」「重荷として感じるものはすべてパス」する状態だ。そして「ラーニングゾーン」は適度に忙しいが充実感がある状態。「パニックゾーン」は完全に自分のキャパシティを超えるほど忙しい「逼迫した状態」のことだ。

人や企業が成長するためには、コンフォートゾーンを出ることが大前提である。仕事の難易度が上がれば、仕事の量も増えるので仕方のない話だ。

ただ、そうかといってあまりにやるべきことが増えるとパニックゾーンに入ってしまい、一気に生産性が落ちてしまう。

よって人や企業にとっての理想は、常に「適度に忙しい」状態のラーニングゾーンを維持することになるのだが、そのためにはタイムマネジメントで適時、自分の抱える仕事量

## 図3-6 ストレスの階層

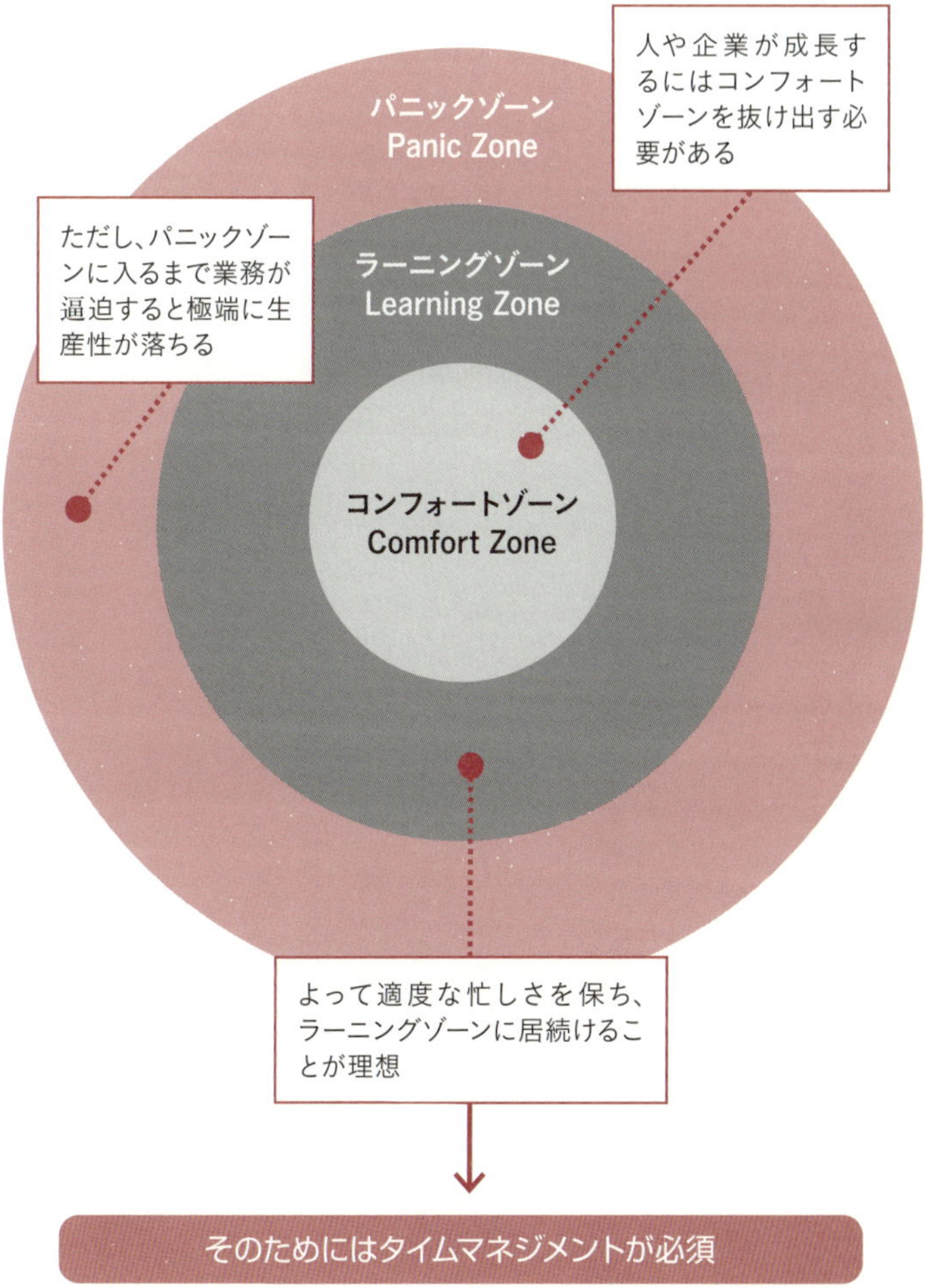
パニックゾーン
Panic Zone
人や企業が成長するにはコンフォートゾーンを抜け出す必要がある
ただし、パニックゾーンに入るまで業務が逼迫すると極端に生産性が落ちる
ラーニングゾーン
Learning Zone
コンフォートゾーン
Comfort Zone
よって適度な忙しさを保ち、ラーニングゾーンに居続けることが理想
そのためにはタイムマネジメントが必須

を調整する必要がある。

## タイムマネジメントの3大原則

時間がなければいくらTODOが整理されていても実行に移せない。

事実、若いビジネスパーソンほどマルチタスクに苦手意識を持つ。

特にはじめてチームを率いるような立場になると、自分のことに専念するわけにもいかなくなるし、より俯瞰した目線でさまざまなPDCAを回していかないといけない。これではあっさりパニックゾーンに入っても仕方がない。

そのときにはじめて「タイムマネジメント」の必要性を痛感するわけだが、タイムマネジメントといっても方法は3つある。

❶ 捨てる
❷ 入れかえる
❸ 圧縮する

あくまでも、この順番で行うことがポイントだ。

マルチタスクというと、今の時間の使い方を効率的にするために時間を圧縮することを真っ先に考える人がいるが、それは順番的には最後に行えばいい。また新しいDOと既存のDOの優先度を比較してスイッチングをすることも考えられるが、それは2番目でいい。

真っ先に考えるべきは「今抱えているDOで捨てられるものはないか？」である。

それが一番簡単で効果があるからだ。

## 図3-7　タイムマネジメントの3大原則

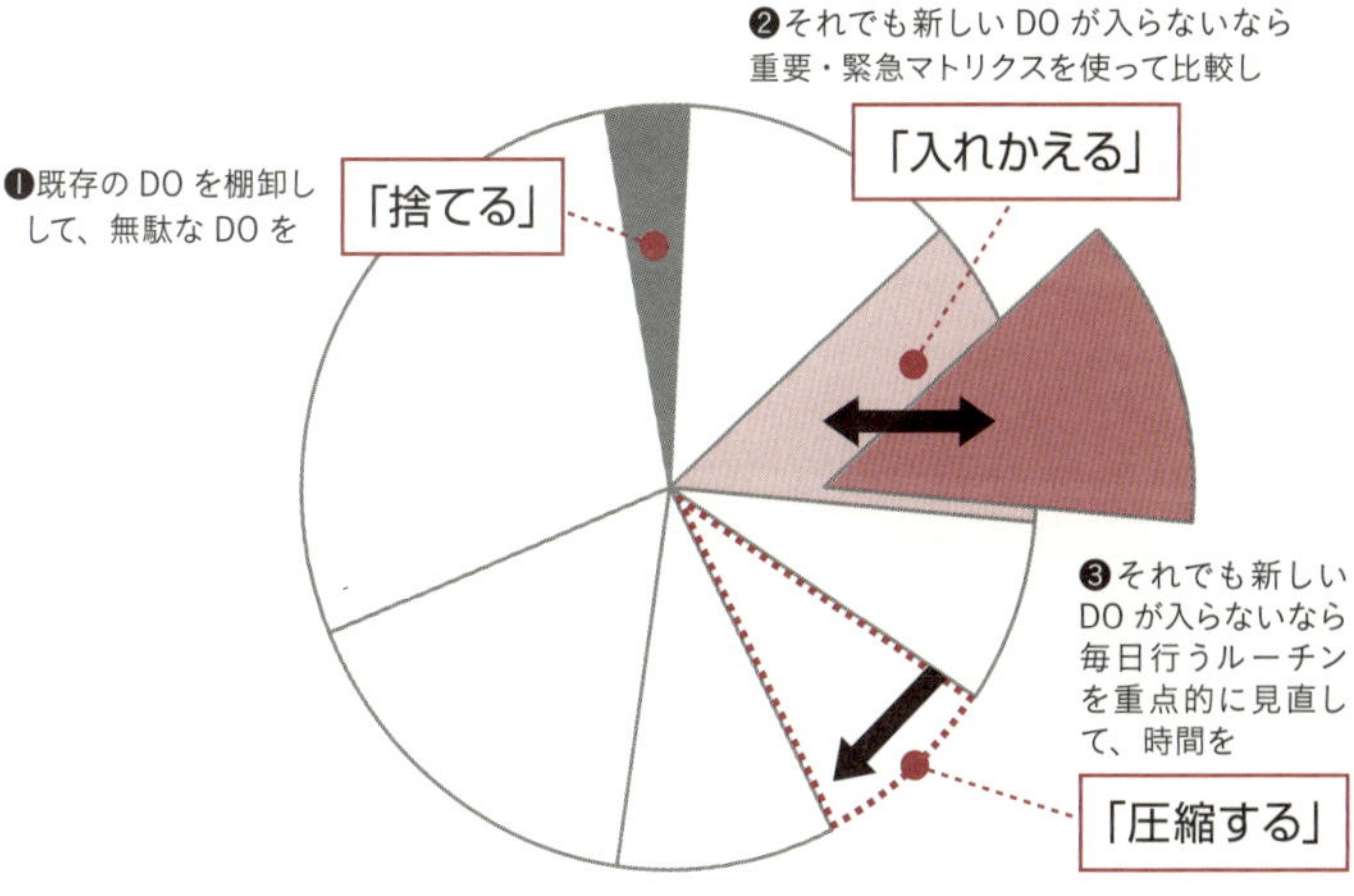
❷それでも新しいDOが入らないなら
重要・緊急マトリクスを使って比較し
「入れかえる」
❶既存のDOを棚卸しして、無駄なDOを
「捨てる」
❸それでも新しいDOが入らないなら毎日行うルーチンを重点的に見直して、時間を
「圧縮する」

## 「捨てる」ために既存のDOの棚卸しをする

捨てられるDOを浮き彫りにするには、現状抱えているDOをすべて洗い出し、その時間配分を把握しないといけない。明らかに毎日仕事をサボっていることを自覚しているのであれば真っ先にその行動を捨てるべきだが、それ以外にも捨てられる可能性があるものが潜んでいるかもしれないので、いったんすべて書き出す。

さも壮大な作業のように思うかもしれないが意外と簡単である。

新たに追加したいDOが仕事関連であれば職場での行動を、プライベートなDOであればプライベートな時間の過ごし方を可視化すればいいだけだ。

棚卸しする単位は1週間が最適だろう。

具体的な行動は変わっても、1週間の業務フロー（やプライベートな時間の使い方）はそう変わらないはずだからだ。

職場なら1日平均9時間働いていたとしても5日で45時間。その45時間をどんな作業で何時間使っているのかがわかればいい。1日にどのくらい時間をかけるか計測して、それを週に何回行うかで掛け算をすればいい（資料づくり10時間、電話対応４時間、など）。

参考までに、付録として実際に当社で活用している「工数棚卸しシート」のサンプルもダウンロードできるよう用意した。

この作業は一度でもやればそのあとは比較的すんなりと書き出せるはずだし、もし肌感覚でしかわからないのであれば、生活のログを取るアプリなどで一度、自分の１週間の行動をリサーチしてみればいい（感覚的に書き出すと大抵大きくズレる）。

## 図3-8　工数棚卸しシート

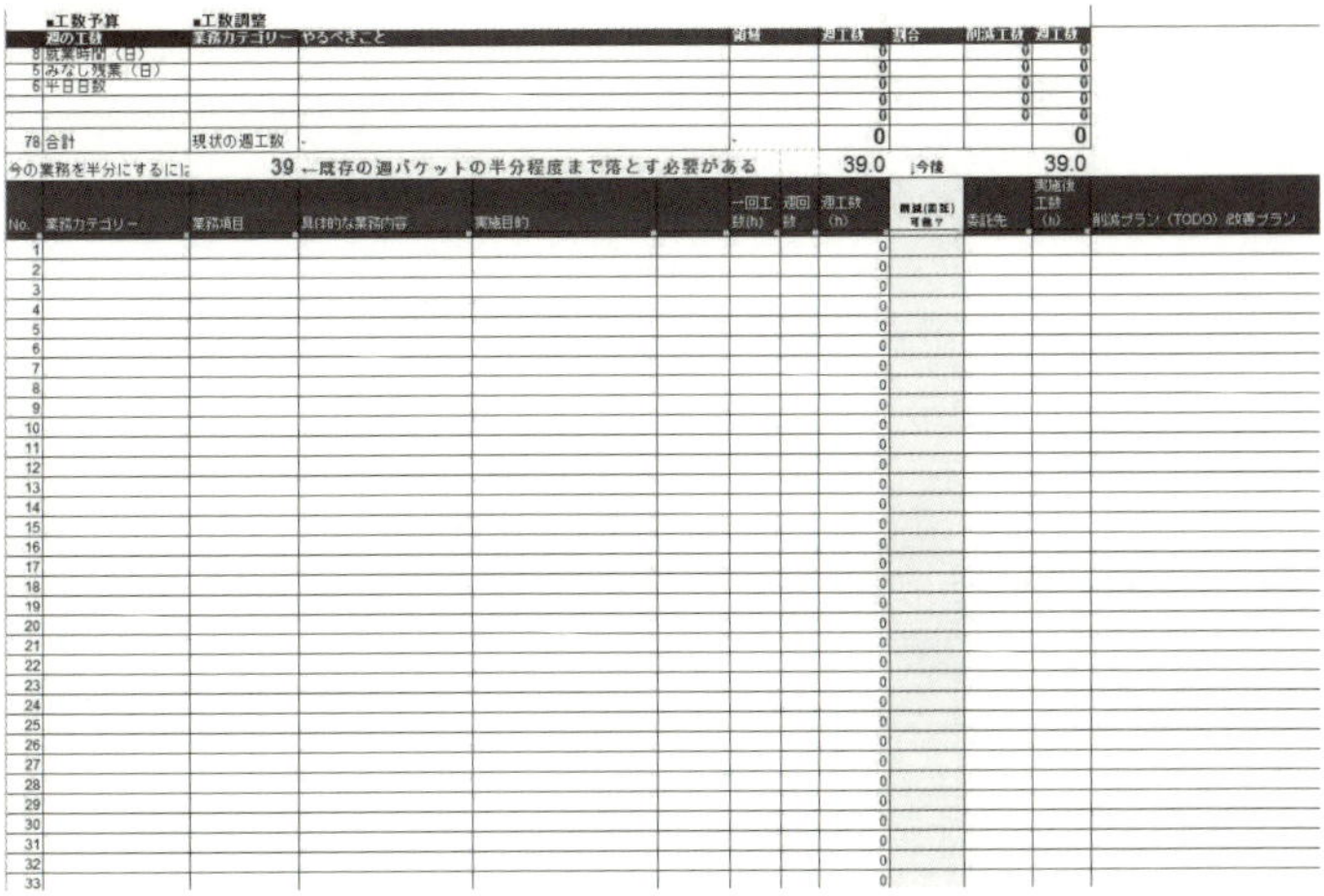

■工数予算　■工数調整

| | 週の工数 | 業務カテゴリー | やるべきこと | 頻度 | 週工数 | 割合 | 削減工数 | 週工数 |
|---|---|---|---|---|---|---|---|---|
| 8 | 就業時間（日） | | | | 0 | | 0 | 0 |
| 5 | みなし残業（日） | | | | 0 | | 0 | 0 |
| 5 | 平日日数 | | | | 0 | | 0 | 0 |
| | | | | | 0 | | 0 | 0 |
| | | | | | 0 | | 0 | 0 |
| 78 | 合計 | 現状の週工数 | - | | 0 | | | 0 |

今の業務を半分にするには　39 ←既存の週バケットの半分程度まで落とす必要がある　39.0　↓今後　39.0

| No. | 業務カテゴリー | 業務項目 | 具体的な業務内容 | 実施目的 | | 一回工数(h) | 週回数 | 週工数(h) | 削減(業務)可能？ | 委託先 | 実施後工数(h) | 削減プラン（TODO）改善プラン |
|---|---|---|---|---|---|---|---|---|---|---|---|---|
| 1 | | | | | | | | 0 | | | | |
| 2 | | | | | | | | 0 | | | | |
| 3 | | | | | | | | 0 | | | | |
| 4 | | | | | | | | 0 | | | | |
| 5 | | | | | | | | 0 | | | | |
| 6 | | | | | | | | 0 | | | | |
| 7 | | | | | | | | 0 | | | | |
| 8 | | | | | | | | 0 | | | | |
| 9 | | | | | | | | 0 | | | | |
| 10 | | | | | | | | 0 | | | | |
| 11 | | | | | | | | 0 | | | | |
| 12 | | | | | | | | 0 | | | | |
| 13 | | | | | | | | 0 | | | | |
| 14 | | | | | | | | 0 | | | | |
| 15 | | | | | | | | 0 | | | | |
| 16 | | | | | | | | 0 | | | | |
| 17 | | | | | | | | 0 | | | | |
| 18 | | | | | | | | 0 | | | | |
| 19 | | | | | | | | 0 | | | | |
| 20 | | | | | | | | 0 | | | | |
| 21 | | | | | | | | 0 | | | | |
| 22 | | | | | | | | 0 | | | | |
| 23 | | | | | | | | 0 | | | | |
| 24 | | | | | | | | 0 | | | | |
| 25 | | | | | | | | 0 | | | | |
| 26 | | | | | | | | 0 | | | | |
| 27 | | | | | | | | 0 | | | | |
| 28 | | | | | | | | 0 | | | | |
| 29 | | | | | | | | 0 | | | | |
| 30 | | | | | | | | 0 | | | | |
| 31 | | | | | | | | 0 | | | | |
| 32 | | | | | | | | 0 | | | | |
| 33 | | | | | | | | 0 | | | | |

## 「入れかえ」のために重要・緊急マトリクスを使う

さて、時間の贅肉を削ぎ落としてもなお新しいDOを実行する時間がないなら、既存のDOと新しいDOを優先度で比較して入れかえる。そこで使うのが『7つの習慣』でおなじみの「重要・緊急マトリクス」だ。

横軸が緊急度、縦軸が重要度。そして第Ⅰ事象が「重要・緊急」、第Ⅱが「重要・非緊急」、第Ⅲが「非重要・緊急」、第Ⅳが「非重要・非緊急」になる。

そこにまず洗い出した現状のDOをプロットしていく。

実際にDOをプロットする場合の基準としては、重要度については3段階に分けて、上位の2つを重要領域に、最下位を非重要領域に置く。緊急度については3ヶ月未満の話であれば緊急、3ヶ月以上であれば非緊急に置けばいい。

なお、他のDOと後ほど比較するので、同じ事象に置くときも重要度と緊急度に比例した場所にプロットできると、なおいい。

ちなみに先ほどの「捨てる」プロセスをこのマトリクスで行ってもいい。いざ自分の時間の使い方をマトリクスで整理してみると、「非重要」領域に属するＤＯが想像以上に多いことに気づくだろう。

マトリクスにプロットする作業は、やったことがない人は迷うのではないかと心配すると思うが、当社の若手社員はみなすんなりできたのであまり心配しなくていい。

プロットが終わったら、新たに追加したいＤＯがどの事象に該当するのかを考え、入れかえできそうなＤＯを探す。

当然、入れかえの第一候補が第Ⅳ事象になることはおわかりだろうが、第二候補は第Ⅲ事象（非重要・緊急）領域である。

この第Ⅲ事象に入ってくる典型的なＤＯとは以下のようなものがある。

**仕事での第Ⅲ事象の例**

・上司の思いつきで振られた雑用
・形骸化した会議や報告書
・先輩の愚痴を聞くこと

### プライベートでの第Ⅲ事象の例

・友人からの酒の誘い
・配偶者のご機嫌取り
・会ったこともない人の冠婚葬祭

誤解を恐れずにこれらの共通点を言えば、「他人からの要求はあるが、自分にとっては優先度が低いこと」だ。つまり、相手との調整ができれば無駄が省ける可能性が残されている。

特に職場の場合、PDCAを回す習慣がない組織ほど無駄な仕事が多い。しかし「慣例だから」というだけで緊急度が上がるわけだ。それを打破するには相当なエネルギーを要するが、その方法について検討してみるいい機会になる。

第Ⅲ領域を検討してもスイッチングできないのであれば、次は第Ⅰと第Ⅱの「重要」領域の出番だ。一般論で言えば第三候補は緊急度の低い第Ⅱ領域（重要・非緊急）になると思われがちだ。ましてや新しいDOが急を要するものであれば、重みづけとしては新しいDOが勝る。ただ、個人的にはこの第Ⅱ事象はできるだけ削りたくない。なぜならこの領域はいずれも成長の原資だからだ。

## 図3-9 重要・緊急マトリクス

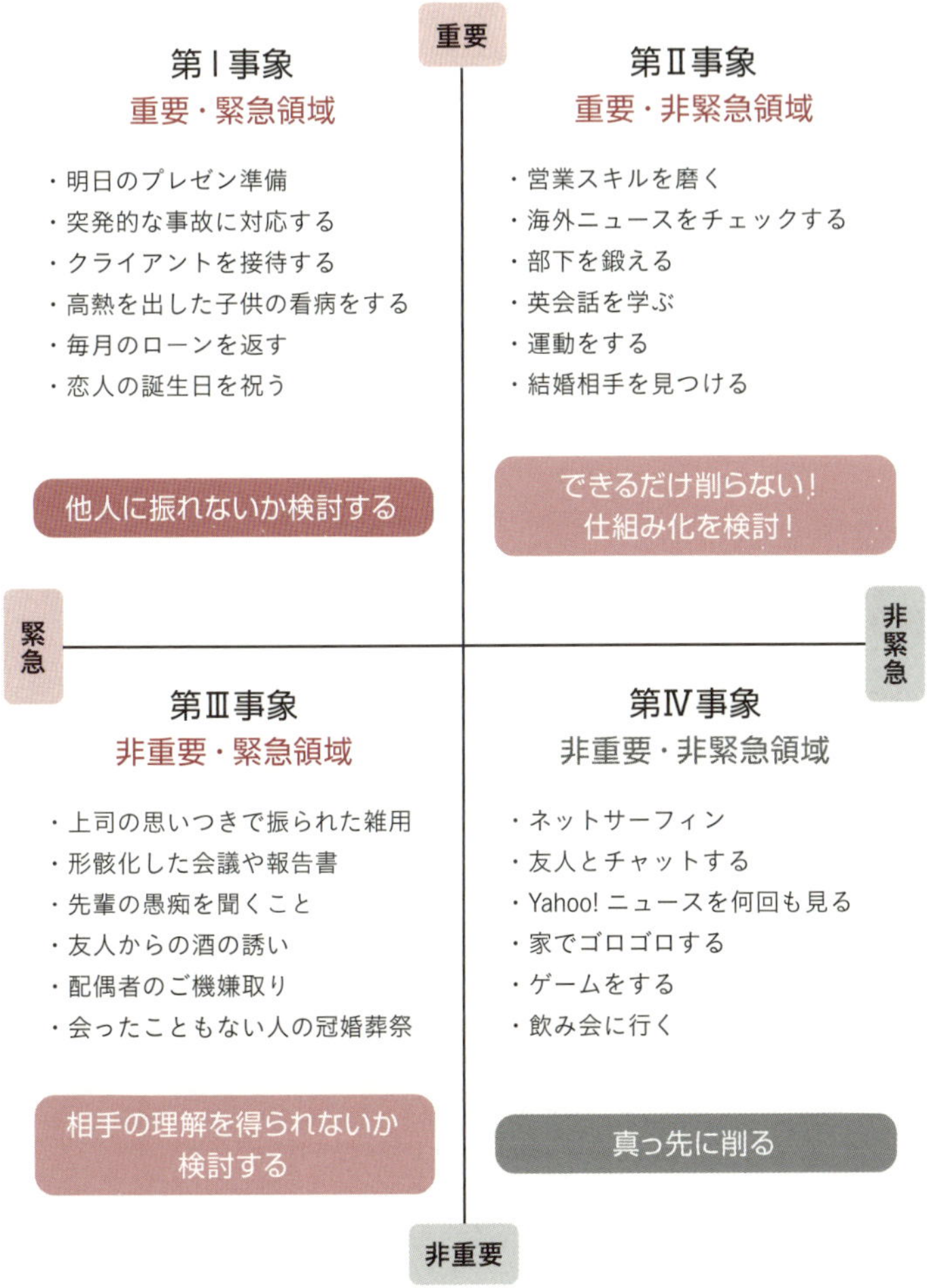
重要
第Ⅰ事象
重要・緊急領域
・明日のプレゼン準備
・突発的な事故に対応する
・クライアントを接待する
・高熱を出した子供の看病をする
・毎月のローンを返す
・恋人の誕生日を祝う
他人に振れないか検討する
第Ⅱ事象
重要・非緊急領域
・営業スキルを磨く
・海外ニュースをチェックする
・部下を鍛える
・英会話を学ぶ
・運動をする
・結婚相手を見つける
できるだけ削らない！
仕組み化を検討！
緊急
非緊急
第Ⅲ事象
非重要・緊急領域
・上司の思いつきで振られた雑用
・形骸化した会議や報告書
・先輩の愚痴を聞くこと
・友人からの酒の誘い
・配偶者のご機嫌取り
・会ったこともない人の冠婚葬祭
相手の理解を得られないか
検討する
第Ⅳ事象
非重要・非緊急領域
・ネットサーフィン
・友人とチャットする
・Yahoo! ニュースを何回も見る
・家でゴロゴロする
・ゲームをする
・飲み会に行く
真っ先に削る
非重要

### 仕事での第Ⅱ事象の例

・営業スキルを磨く
・海外のニュースをチェックする
・部下を育成する

### プライベートでの第Ⅱ事象の例

・英会話を学ぶ
・運動をする
・将来のお相手を見つける

このようにいずれも「将来、大きなリターンが期待できるもの」だ。

ちなみに、DOからTODOに変換する際にTODOリスト化しづらい「継続的に行うDO」は、ここにくる。例えば、宿題を終わらせる行為は緊急性が高いが、毎日、自主的に勉強する行為は非緊急である。しかし、やっていることは勉強なので、重要度はいずれも高い。

よって、緊急性だけで第Ⅱ事象を切り捨ててしまうと、例えば「勉強する」「スキルを磨く」「鍛える」といったあらゆる自己研鑽のためのタスクが切られてしまう。

特に仕事の生産性を上げるタスクは、中長期的に考えれば絶対にプラスになることは理解できるだろう。生成ＡＩでさまざまなオペレーションを自動化・省人化できるようになれば一生で何万時間も浮くのに、真剣に使いこなそうとする人が少ないのは、それだけほとんどの人は緊急性の高いタスクに振り回されている証だ。

よって、第Ⅱ事象はできるだけ削らない前提で策を練ってほしい。それよりもむしろ、第Ⅰ事象（重要・緊急）のタスクで他人に振ったり、協力を得たりできないかを検討するほうが現実的だ。

## 「時間圧縮」のためにルーチンを見直す

無駄を省き、タスクの入れかえを行っても時間がないなら、最後は「時間の圧縮」である。

このとき再度役に立つのは「捨てる」ステップで行った既存のＤＯの洗い出しだ。それらのＤＯの中で「より短い時間で終わらせる方法はないか？」と考える。

このあたりは生産管理に携わる人は詳しいだろう。

トヨタのように大量生産を行う工場などでは、秒単位で工程を計測し、徹底した合理化を目指す。

そこまでの緻密さを追求する必要はない。しかし、例として、1日に何度も別フロアにあるコピー機まで歩いているとする。

その場合、「一気にまとめてやろう」といったレベルの時間圧縮が考えられるはずだ。

毎日、何の疑問も抱くことなく続けているルーチンの中にこそ非効率なものが潜んでいる。

一例を挙げれば、1日に約50件のメー

## 図3-10 ルーチンには非効率な作業が多い

**捨てられるDO を見つける** → **列挙したルーチンの中で効率化して圧縮できる部分がないか考える**

**具体例**

**メールが1日に数十件届くため「メールチェックと返信」に1週間で5時間費やしている**

- 件名だけで見るべきかどうかを判断する
- 返信する際の定型文の辞書登録を増やす
- 人に任せられることは任せる
- メール返信のみに集中する時間をつくり、他の時間にはメールは開かない　etc...

基本的だと思うこともあらためて見直して改善点を洗い出す

**1週間でメールに費す時間を3時間分圧縮することに成功！**

ルを受信する私の場合、1週間のうち「メールチェックと返信」に費やす時間は5時間近くあった。

これはもっと削れるのではないかと思い、件名だけで見るべきかどうかを判断するようにしたり、（基本ではあるが）返信する際の定型文の辞書登録を増やしたり、工夫をこらしてこれを3時間分圧縮することに成功した。

ルーチンを短縮できれば年間ではかなりの時間を捻出できる。

スティーブ・ジョブズやマーク・ザッカーバーグが同じ服を着るのは毎朝の服選びで迷う時間を圧縮するためであることは有名な話だ。男性のベンチャー企業経営者の中には、髪を乾かしてセットする時間を圧縮するために坊主にしている人もいる（「圧縮」というより「捨てる」行為だが）。ちなみに1日15分圧縮できれば、365日で延べ91・25時間の節約ができる。

## 時間資本を最大化するためのレバレッジ

ＫＰＩの達成率が思うように伸びない原因の多くは、行動指標であるＫＤＩの未達によるものである。ＫＤＩを達成するために不可欠なのが、「時間を資本」として捉え、その時間資本をいかに十分に確保し、実行時間に最適に配分するかという視点だ。

私は『資本主義ハック』という著書の中で、私たちが生きる資本主義社会の仕組みを俯瞰し、個人としてのリソースを最大限に活かす考え方を述べた。その中で言う「時間資本を最大化するレバレッジ」とは、限られた時間という資本を最大限に増幅させ、同じ「１時間」でも生み出す価値を倍増させることである。

### 時間にレバレッジをかける８つの方法

#### ❶優先度の高いことにこそ十分な時間を割く

20％の重要なタスクが80％の成果をもたらすとされる「パレートの法則」や重要度と緊急度を２軸で考える「緊急重要マトリクスのフレームワーク」がある。

それらからもわかる通り、業務全般へ網羅的に取り掛かるのではなく、最も重要なタスク（ＤＯ）から優先的かつ最も多くの時間を確保し投下することが必要である。そして、重要度が高いタスクの中でも、さらにその中で優先順位をつけ、本当の1番目2番目は何かを見極め選定し続ける。人は重要と感じたものに盲目的に時間を使ってしまうが、「4番目5番目に重要なタスクに時間を使っていることで、最も重要な1番目2番目のタスクの時間が削られていないか？」といった視点を持つことにより、時間に対して、よりシビアな意思決定ができるようになり、またこのことにより時間効果が大きく変わってくる。

## ❷不完了を可視化し迅速に処理する

心理学のツァイガルニック効果が示すように、「未完了のタスク」を頭の中に抱え込む状態が続けば続くほど、無意識レベルで頭に残る領域が増え、その結果、人は無意識のストレスを蓄積し、脳の処理速度は落ち、生産性を低下させてしまう。パソコンのブラウザが同時にいくつも立ち上がっているようなイメージだ。この状態を解消し続けるために、意識的にタスクを見える化し、仕分けし、一つひとつ確実に処理する仕組みを整え、できるだけ不完了を残さないようにする。

### ❸委任・アウトソースを積極的に検討する

人は自分の能力や担当領域を過大に見積もってしまう傾向がある。「自分にしかできない仕事」は実際よりも少ないという前提に立ち、タスクを細分化・可視化して、適切な人に渡したり、外部に委託したりというような選択肢を探ることが重要である。

マネジメントのリソース最適配置の観点からも、実際には他者でも十分に行える作業を抱え込み続けるのは非効率だ。

例えば、すべてのプロセスに自分と同レベルの完成度を求めるのではなく、10のうちの3つを他者に任せるとか、6~7掛けのレベルを目指して任せるという方法もある。一時的にレベルが多少下がっても、時間が解決するはずであり、また生み出せた時間でそれ以上のリターンを生み出せば良いと考えれば、気持ちも軽くなる。

### ❹締め切り効果に依存しすぎない

締め切り間近の「緊急モード」は、ドーパミンやアドレナリンが出ることにより、一時的に集中力を高める効果がある。

しかしこれに頼りすぎると、緊急タスクにばかり時間を奪われ続けることになり、長期的には燃え尽き症候群や「重要だが緊急ではない作業」の先送りを招くことになってしまう。そこで、締め切り前だけでなく、あえて中間マイルストーンを設けて取り組む時間を確保するなど、締め切り効果に過度に依存しない工夫が欠かせない。

### ❺プッシュ通知などを遮断して集中を守る

集中力の維持という観点では、人は一度タスクを中断されると元の集中状態に戻るのに平均23分15秒かかるというカリフォルニア大学アーバイン校の研究結果もある。こうしたタスク切り替えコストを考慮すると、プッシュ通知やSNS、ゲームなどはやはり時間の最大の敵と言える。

通知を遮断し、アクセスできないようロックをかけるなど物理的な障壁を設けることで、作業の中断を極力減らし、集中力を途切れさせないようにすることが効果的である。私はスマホ画面においてSNSやエンタメ系はインストールを避けている。また、ブラウザでも、サイトブロックツールの「BlockSite」を愛用し、これらのサイトへの障壁を設けている。

## ❻大きなタスクは早めに分解して部分的に着手・外部委託を図る

大きなタスクはあらかじめ細分化しておき、外部委託可能なプロセスを早期に見極める。これはプロジェクト管理の基本で、ギリギリになってすべてを一人で抱え込むリスクを回避する上で極めて有効だ。

こうして早めに分解し少しだけでも着手しておくことで、「まだ何もできていない」という不安が軽減される。これは行動科学で言う「先行着手効果」というものであり、それによってモチベーションも上がる。

## ❼完成度の「上限」を意識する

人間は仕事を与えられた時間を目一杯使って膨張してしまう傾向があるため、「5がけ・7がけ・10がけ」のようにタスクへかける労力や完成度にメリハリをつけることも有効だ。

過度な完璧主義を抑え、「これはディスカッション用のたたき台だから7割で十分」などの基準を明確に設定すれば、余分な時間投資を避けられる。

## ❽同じ時間を二重にも三重にも活用する

1日の多くの時間は、他人からアサインされた会議や面談などで埋め尽くされることが多い。その場を単なるタスクの消化と捉えるのではなく、自分自身のアイデアを検証したり、課題解決につなげたり、相手の知見を引き出して自分の学びに転用したりするように時間を転換できれば、同じ時間を二重・三重に活用できる。「自分の時間がない」とか、「もっと時間が欲しい」とかではなく、「他者との時間をいかに自分にとっても最大化するか?」という問いを持ち続けることで人生は何倍にでもなる。

このように、時間資本を最大化する方法として、以上の8つのことを意識するだけでも時間価値や生産性、その延長線であるたった一度きりの人生や命の使い方は劇的に変わる。あらゆる理論や研究が示す通り、時間を資本として最大化する行動こそが、KDI達成につながり、ひいてはKPIの飛躍的な向上をもたらす可能性を秘めている。

まずはスマホの通知オフやSNSへのアクセス制限など身近なところから取り組み、余剰時間を生み出した上で、さらに本質的に重要な取り組みへ時間とエネルギーを投下していくことが、結果として最大のレバレッジとなるはずだ。

## 鬼速クエスチョン

### 実行編

- 解決案を実現するために考えられるアクションはなんですか？
- 他のアクションは考えられませんか？
- 書き出したアクションの中で、特に優先度の高いものはどれですか？
- アクションの結果を数値化するとしたらどのようなものが考えられそうですか？
- アクションをスケジュール帳に書き込むとしたら、どういった具体的なタスクになりますか？
  また、それはいつまでに行うべきですか？
- 今まで考えてきた計画が今後何かの壁に直面すると仮定すると、どのような原因が考えられますか？
  また、それを事前に防止できそうなら、どういった方法が考えられますか？

# 4章

# 鬼速PDCAを継続する仕組み

# 鬼速PDCAは継続してこそ効果がある

PDCAは継続するのが難しいとよく言われる。

そもそもこのPDCAというサイクルは、P・D・C・Aを繰り返し回すことで業務効率と品質向上を図る手法として提唱された。そのため、継続できなければ効果は望めない。C（検証）のフェーズの説明に入る前に、この章では、私が実体験から学んだ鬼速PDCAを継続するための仕組みを紹介する。

継続をする上で重要なのは、自分がPDCAサイクルのどの因子でつまずいているのかを冷静に見極めることだ。実行サイクルそのものなのか、振り返りのフェーズなのか、もしくは仮説を立てるためのインプット時間が確保できないのか。いずれにせよPDCAサイクルのどこかが破綻すると劇的な成果は望めず、その結果、やる気がどんどんなくなっていく。

「PDCAサイクルのすべてが苦手」という人は少ない。まずは自分なりの課題を特定することがPDCAを継続する第一歩だ。

そもそも、人が何かを継続できるのは、次に挙げる4つの状況のときだ。

❶目的意識が強いとき
❷成果が出ているとき
❸ハードルが高くないとき
❹やり方で迷わないとき

これは、組織心理学や自己効力感の研究でも指摘されているように、「行動を続けるための環境デザイン」と「個人の目的意識」が合わさったときに最も継続力が高まることを裏付ける。

つまり、こうした状況をつくりだせばＰＤＣＡを継続できるはずだ。そのために自分なりに「仕組み」を考え、やれることを全部やる。それが「継続力」の正体だ。

人間の意志とは揺らぎやすいものだが、人はそれと同時に意志を保つための知恵を持っている。

ＰＤＣＡを継続するために不可欠なことは、弱い自分と向き合うことだ。決して弱い自分に落胆する必要はない。

それでは、ＰＤＣＡを継続するためのポイントを順に見ていこう。

**図4-1** **PDCAを続けられる状況を自ら つくり出す**

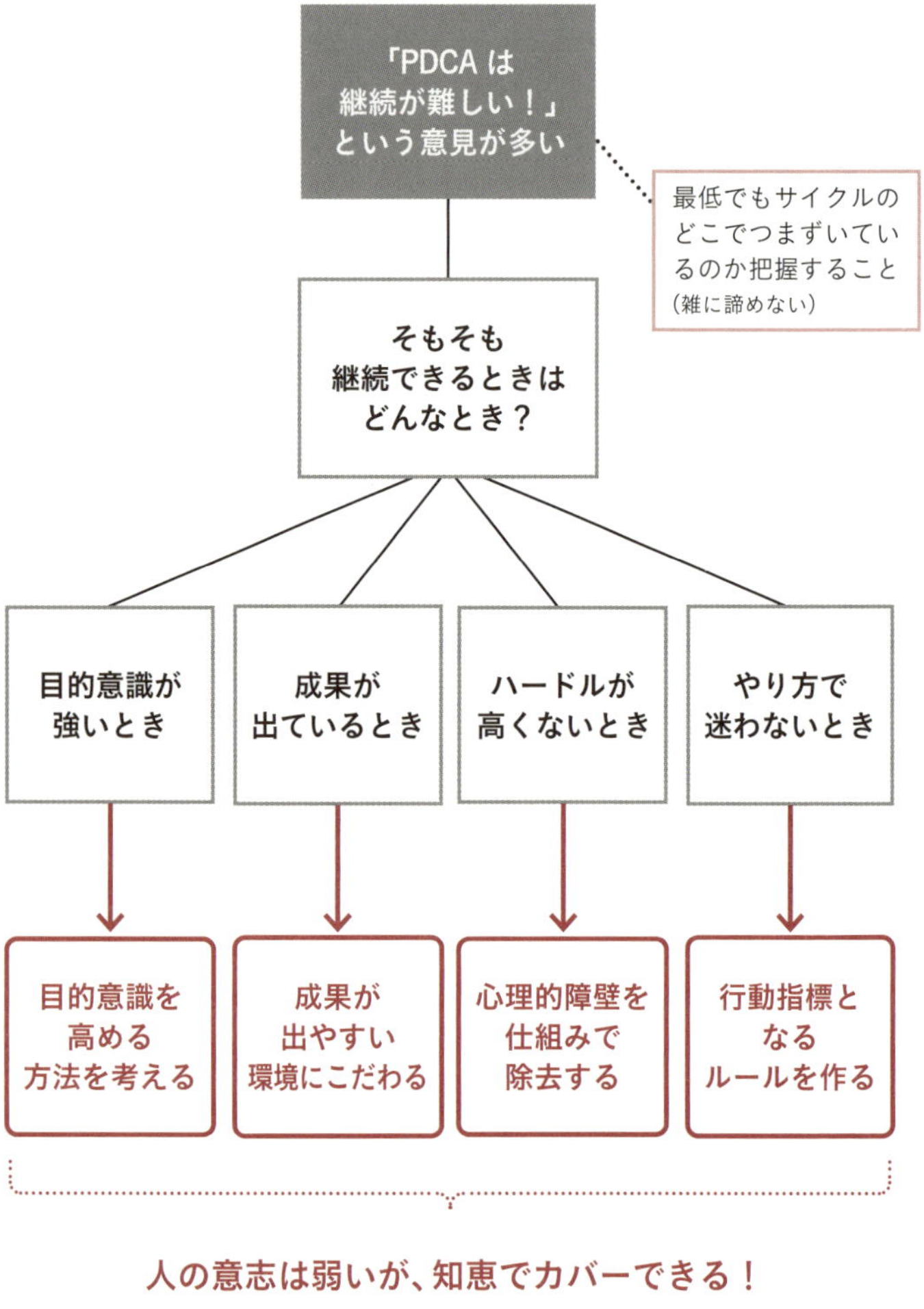

## ポイント①目的・目標意識を強める

ＰＤＣＡの継続に欠かせないのが、目的意識を強めることだ。目標や目的が不明瞭なままでは、ＰＤＣＡを継続することはできない。

### 強制的に緊急領域に移動させる

人は切羽詰まった状況に置かれると、人が変わったかのように本気で改善を続けることができる。しかし、自発的なゴールだと自分の意志の強さに左右されてしまう。これは、スティーブン・Ｒ・コヴィーが提唱した「重要度×緊急度マトリクス」における「重要だが緊急ではない」領域への意識が下がりやすいことにも関連している。そもそもＰＤＣＡを回すという行為自体、「重要・非緊急領域」として捉えられがちだ。

そこで重要なのは、自発的な課題に対する意識をどう高めるかだ。その第一歩は、「目標を明確にする」ことだ。期日を決め、ＫＧＩをしっかり立てる。目標を数値化しておくと、脳がより具体的にゴールをイメージしやすくなる。

その上で課題意識を無理やり高める方法のひとつが、周囲に目標を壮大に宣言して逃げ場をなくすことだ。これは社会心理学で言われる「一貫性の原理」にも通じ、外部に対して宣言することで自分を追い込む効果がある。似た方法としては、先にお金をかけて「達成しないともったいない」という状況に追い込むのも効果的だ。ノーベル賞受賞者のリチャード・セイラーら行動経済学者の研究では、人間は「損失回避バイアス」により、失うことを避けるために努力しやすいことが示されている。

## WHYの部分もPDCAを回す

動機を高める上でもうひとつ重要なのは、「なぜそれをするのか?」という本質に立ち返り、目の前のPDCAを回す「意味合い」を定期的に明確にすることだ。サイモン・シネックの言う「Start with Why」にもあるように、「自分の行動と根本動機を紐づける」ことはモチベーション維持に大きく寄与する。人間の意志やモチベーションには重力が働く。時間とともに勝手に下がるのが自然の摂理だ。だからこそ適時「WHY」の部分のPDCAも回して、自分の意識レベルを上へ上へと引き上げなければならない。

## しつこいくらいの意識づけ

時間とともに下がってしまう人の意志やモチベーションを食い止めるために、「アラート」を使って外的な刺激を意図的に入れることも有効だ。受験生が行う「張り紙」や、「リマインダー通知」などが典型例だ。これにより、上位目標を思い出すトリガーを作り出し、日々の行動との結びつきを強化できる。

## ポイント②「ルーチンチェックシート」で成果を可視化する

「笑顔で話す」といった指標化しづらいＤＯや、非緊急領域のＤＯは三日坊主になりやすい。これを継続するために役立つのが「ルーチンチェックシート」だ。当社ではこのルーチンチェックシートを「鬼速ＰＤＣＡチェックシート」と呼び、習慣化したいことを毎日数値化して可視化し続けている。

成果を可視化することにより、「曖昧にできていないこと」を「明確に定着したこと」に変えていく効果がある。加えて、このチェックシート自体を続けられないリスクを回避するために、スマホのカレンダー通知などでアラートを設定することも効果的だ。

私は現在25個の項目を日々取り組んでいるが、やり方をさらにアップデートし、「朝のセルフトーク」などを組み込んでいる。目標を自分自身に言い聞かせることで、モチベーションが上がり、ＰＤＣＡも加速するのだ。これをシートの上部に持ってくることで、「朝一の高い意志力×可視化」を実現している。ここに私が実際に使用している問いの一例を示す。

**朝の問い**

・今日を人生最高の1日にしますか？／ゴールセット（人生・今日）
・80歳まであと何週間か？／ゴールセット（人生・運命・ミッション）
・本日のＰＪＴ・ＤＯを優先度付け・絞り・分解・具体化したか？／時間（質）

## 図4-2 ルーチンチェックシート

**鬼速PDCAチェックシート**

＿＿ヶ月後にどんな状態になっていたいか？：

現在の自分はそれに対してどのような状態か

＊ 毎日、当日の就寝前or翌日の起床後にチェックして下さい。 ※仕事に直接かかわらないことを記入してください。 ＊ ◎：凄く出来た（3点）○：出来た（2点）△：やや出来た（1点）×：出来なか

| | PDCA対象 / 目的 | 日付 | 1 | 2 | 3 | 4 | 5 | 6 | 7 | 8 | 9 | 10 | 11 | 12 | 13 | 14 | 15 | 16 | 17 | 18 | 19 | 20 | 21 | 22 | 23 |
|---|---|---|---|---|---|---|---|---|---|---|---|---|---|---|---|---|---|---|---|---|---|---|---|---|---|
| | | 曜日 | | | | | | | | | | | | | | | | | | | | | | | |
| 1 | | | | | | | | | | | | | | | | | | | | | | | | | |
| 2 | | | | | | | | | | | | | | | | | | | | | | | | | |
| 3 | | | | | | | | | | | | | | | | | | | | | | | | | |
| 4 | | | | | | | | | | | | | | | | | | | | | | | | | |
| 5 | | | | | | | | | | | | | | | | | | | | | | | | | |
| 6 | | | | | | | | | | | | | | | | | | | | | | | | | |
| 7 | | | | | | | | | | | | | | | | | | | | | | | | | |
| 8 | | | | | | | | | | | | | | | | | | | | | | | | | |
| 9 | | | | | | | | | | | | | | | | | | | | | | | | | |
| 10 | | | | | | | | | | | | | | | | | | | | | | | | | |
| 小計（点数の合計） | | | | | | | | | | | | | | | | | | | | | | | | | |

1日の終わりの問い

・経営・事業の意志力・集中力に何％（他の何かにぶれず）注げているか？／マインドセット
・今が人生で最高な時になっているか？／マインドセット（人生）
・更に最短距離は？　最短で進むには？／ゴール（リミッター）／経営（戦略）
・仲間・チームをどのように褒め称賛し自信をみなぎらせたか？／リーダーシップ
・数値で思考し整理させ議論や伝えることができているか？／マネジメント
・一人ひとりの1時間をデザイン・活かすことに全神経を使っているか？／マネジメント
・1つ2つへ自分の思考や意識を絞れたか？／時間（質）

## ポイント③心理的ハードルを下げる

何かを継続する際は、いかに心理的ハードルを下げるかが重要になる。ここでは、そのための3つの方法を紹介する。

### 導線を減らす

行動経済学の観点からも、ユーザーが行うアクションが増えるほど離脱率が上がるのは一般に広く認められている。生活習慣の中にやりたい行動をビルトインし、やりにくさ（フリクション）を極力排除することが大切だ。

### 小さく切って、まず始める

目標を因数分解し、できるだけ小さなピースにする。ジェームズ・クリア著『Atomic Habits』でも指摘されているように、習慣化したい行動を極限まで小分けにし、「一番小さなステップから始める」ことが継続の鍵になる。

### プロセスを楽しむ

ＰＤＣＡを「修行」のように捉えるとストレスが溜まる。アイテムから入る、お気に入りの道具を使うなど、プロセスを楽しむ工夫がモチベーション維持に効果的だ。

## ポイント④
## 迷わないためにシンプルなルールを決める

ＰＤＣＡを回す行為は決断と自省の繰り返しでもあるため、慣れないうちは迷いが生じやすい。迷いは集中力ややる気を削ぐ大きな要因であり、ピーター・ドラッカーも「何を捨てるかを決めなければ、本当に重要なことに集中できない」と指摘している。

例えば、「飲み会は月2回まで」といったシンプルなマイルールを仮定すると、すぐに意思決定ができるようになる。これは認知心理学の「意思決定の簡素化戦略」に相当し、迷いによる認知資源の浪費を減らす効果がある。

## 自律神経をコントロールする

私が長年ＰＤＣＡを回し続けてこられたのは、おそらく継続する能力がずば抜けて高いからだと自覚している。その継続力の源泉は「意志力」である。自己をコントロールして行動し続ける力だ。

近年の研究によると、意志力は筋肉のように限界や消耗がある一方、意識的な訓練で鍛えられるとされる。これを保ち続けるために重要なのが、交感神経と副交感神経からなる自律神経のバランスだ。

- 交感神経：身体を活性化させる。緊張やストレスが続きすぎると疲弊を招く。
- 副交感神経：身体をリラックスさせ回復を促す。優位になりすぎるとやる気が低下する。

私はこれらを適切に切り替えるために、生活リズムや食事、睡眠、運動の質を同時に管理している。

## 意志力を保つための私の方法

鬼速ＰＤＣＡを継続するためには、意志力を高く保つことが重要だ。ここでは、その維持に役立つ方法を紹介する。

**❶雑念の排除**

不完了のタスクや雑念が増えると、意志力は大きく低下する。頭の中にあることやタスクを一度可視化し、それらを棚卸しし、各々対応策や優先度を明確にすることで、脳のリソースを本当にやるべきことに対してフルに集中させられる。

**❷スマホとの距離を見直す**

スマホは大量の通知やＳＮＳなどによって、意志力を削ぐ大きな要因だ。通知のデフォルト設定をオフにする、おやすみモード設定にする。また、物理的に離すなどを行う。私は少し意志力が下がっていると感じる際には、タイムロッキングコンテナを活用することもある。

**❸人生を逆算して考える**

スティーブ・ジョブズが「今日が人生最後だとしたら？」と自問したように、死を意識して逆算することで時間の貴重さを再認識できる。これにより日々の行動へのコミットメントを高められる。自分自身のルーチンチェックシートにも「80歳まであと何週間か？」という朝の問いが設定されている。

### ❹ 1日を4つのステージに分ける

人それぞれベストパフォーマンスを発揮できる時間帯が異なる（Chronotype 理論）。自分に合ったリズムで朝・午前・午後・夜を区切り、小さなサイクルを回すと効率が上がる。

### ❺ 体を動かす、休める

適度な運動や瞑想、ストレッチは意志力を高く保つ上で効果的。ただし運動自体が目的化しすぎると、本来の目標から逸脱する恐れがある点に注意。

### ❻ 食べ過ぎない、飲み過ぎない

食事やアルコール摂取は意志力に大きな影響を与える。全体の栄養素と糖質量と物理的な食事量のバランスとコントロール。アルコール摂取タイミングと量と回復方法。完全栄養食やサプリなども適宜補足し、意志力が高い状態を保つ。

### ❼ 睡眠の質を高める

当然だが、睡眠と意志力はとても強い相関性がある。光目覚ましの導入や寝具・室温・

湿度の調整など、睡眠の質を上げる工夫を重ねることで、翌日の意志力を最大化させやすい。私は長年「AutoSleep」のアプリで睡眠の質を可視化しながら、質向上のためのＰＤＣＡを回し続けている。

### ❽スイッチが入る場所を持つ

整理整頓された環境や、外部のカフェやコワーキングスペースなど、自分の意志力・集中力を最大化できる場所を複数確保することで、飽きやマンネリを防ぎ、高いパフォーマンスを維持できる。

## 組織でＰＤＣＡを継続する

ＰＤＣＡを個人で回すことは比較的容易だが、組織全体で継続的に回し続けるとなると、個人の努力だけではなく、組織としての仕組みや文化に組み込む必要がある。本書全般を通じて繰り返し述べてきたように、ＰＤＣＡは一時的な施策ではなく、継続してこそ真価を発揮する。そこで、ここでは組織でＰＤＣＡを継続するために押さえておきたいポイントを整理してみよう。

## PDCAを組織文化にする

まず重要なのは、PDCAを単なる業務プロセスではなく「文化」として根付かせることである。当社では、経営層や管理層がPDCAを強く意識し、率先して回すことで、メンバーが自然と実践する仕組みづくりを進めてきた。同時に、鬼速PDCA式週報やアウトプットシートなどの仕組みを通じて、現場からのフィードバックを組織全体で取り入れ、改善し続ける「トップダウンとボトムアップの両立」を図っている。

さらに、PDCAを可視化することも重要だ。例えば、週次や月次でミーティングや週報などにより進捗確認の可視化をし、KGI・KPI・KDIの達成状況を組織内で共有する。組織単位で、否が応でも継続的な改善サイクルが回る形を構築していっている。

## PDCAを組織全体の成果につなげる

さらに、個々のメンバーがPDCAをいくら回していても、組織全体の目標達成につながらなければ意味がない。そこで鍵になるのが、「個人のPDCA」と「組織のPDCA」の連動性を高め続けることである。

例えば、個人のＫＤＩとチームのＫＰＩを連動させることで、各メンバーのＰＤＣＡが組織全体のＫＧＩ達成にどう貢献しているのかを明確にできる。さらに、組織の中でベストプラクティスを共有し、成功パターンを標準化すれば、組織全体としてのＰＤＣＡ精度が格段に上がる。社内Wikiや定例ミーティングなどを活用して成功事例を蓄積・共有する仕組みを構築すると、継続的な改善が促進される。

これは組織レベルで継続させるための一部だが、個々のＰＤＣＡ力に依存するのではなく、組織単位で否が応でもＰＤＣＡが継続できる仕組みを構築できれば、個人の力に依存することなく、人が変わったとしても、変化し続け、そして成長し続けることが可能となる。ＰＤＣＡは「一度回して終わり」ではなく、「いかに速く、深く、そして継続的に回せるか」が組織の今後を左右するのだから。

# 付録　鬼速ＰＤＣＡツール

以下のURLから本書で紹介したＰＤＣＡに役立つツールをダウンロードできます。

- 工数棚卸しシート
- ルーチンチェックシート
- 10分間ＰＤＣＡ
- 鬼速ＰＤＣＡ式週報

※ツールの提供は予告なく終了することがあります。

https://zuuonline.com/archives/190180

# 5章

# 検証する（CHECK）

## 検証に失敗する2大パターン

CHECKとは日本語で「検証」「観察」「点検」「評価」「振り返り」などと訳される。

検証する対象は、次の3つだ。

❶ KGI：ゴールの達成率
❷ KPI：サブゴールの達成率
❸ KDI：行動計画の達成率

そして、それらが想定より遅れているのであれば「うまくいっていない要因」を、または順調に推移しているのであれば「うまくいっている要因」を突き止める。

ここまでが検証フェーズだ。

検証フェーズのステップの解説に入る前に、検証フェーズに関連してPDCAが失敗しやすいパターンが2つあるので触れておきたい。それは「せっかく計画を立て実行に移しているのに検証をしないパターン」と、「ろくに計画も立てていないのに形式的に検証を行おうとするパターン」だ。

## 検証をしない「やりっぱなし派」

勢い良くダッシュしても、あさっての方向に走っていては意味がない。

しかし、現実問題、実行ばかりに気をとられて検証をおろそかにすることはよくある。

「振り返りの時間がないんですよね」という言い訳も今まで何百回も聞いてきた。

しかし、20代半ばの現場の営業パーソンだったころから私が長年意識してきたことは、用事や飲み会などそういったアポはなるだけ平日に詰めて（金曜も気が緩んで深酒してしまうのでなるべく避けていた）、週末のほとんどの時間はインプットと振り返りの時間にあてることだ。土日を１００％、自分の成長のための時間にあてられる人はそう多くないだろうが、要は覚悟次第で時間はいくらでもつくれるということを言いたい。

おそらく振り返りが苦手な人は、立ち止まって考えるよりも汗を流して走り回っているほうが前に進んでいる印象を受けるのかもしれない。確かにそれはそれで「頑張っている充実感」はあるのかもしれない。

でも、その結果、同じミスを平気で繰り返したり、いつまでもゴールから遠ざかっていることに気づかないままでいたりするのは、正直、もったいない気がする。

最速でゴールに到達するには検証頻度を上げることが間違いなく必要になる。

そして肝心なことは「時間があったらやろう」ではなく、アプリのカレンダーの繰り返し設定で「日曜の10～11時振り返り」とあらかじめスケジュールを押さえることだ。たったそれだけで、「とにかく実行。気が向いたら検証」ではなく、「次の検証に向けて実行しなければ」と明らかに意識が変わる。

## 2　検証しかしない「形から入る派」

1とは真逆のパターンだ。

ＰＤＣＡを少しだけかじったことがある上司などは「ＰＤＣＡは振り返りが肝心」というイメージを持ちやすいため、社内会議などで若手がＰＤＣＡの重要性について指摘しても「じゃあ週1で会議をやろうか」といった案程度しか出さなかったりする。

しかし、計画の精度が低く（課題抽出が甘く、ろくにＫＰＩもない）、実行フェーズもグダグダであれば（ＫＤＩがない）、いざ会議を開いてもまともな検証ができるわけがない。せいぜい「もうちょっとがんばろうか」とハッパをかけるか、メンバーが1週間行った作業の説明を延々とするといった非効率な状態で終わってしまう。

これは、動きの遅い会社の典型だ。

仮に誰かが課題を提示しても、仮説思考に立っていないと論点の収拾がつかないので、結果的に「ぼんやり悩む」だけで答えが出ない。

もちろん、それをきっかけにPDCAサイクルが回り始めることもあるが、慢性的にこのようなことを繰り返しているのは問題だ。

さて、検証のステップは5つに分かれる。これから説明していこう。

## ステップ① KGIの達成率を確認する

検証の第1ステップは便宜上、KGIの達成率の確認とした。

実際の検証では、扱うテーマの細かさから言って、検証頻度はKDIが最も高く、次にKPI、そしてKGIの順になる。

当社ではチームミーティングを週に1回行うが、そこでのメイントピックはKDIである。そしてその次に、KPIを見ていくこととなる。ただ、重要KPIレベルの検証になると成果が出る期間がプロジェクトや重要課題に対してマチマチなので、別途マネジメントレベルで週に1回精査を行うものもあれば、3週に1回程度の頻度で精査を行うケースもある。また、大きめのKGIレベルになると、着地予測の進捗や変化は毎週見ていくが、本格的な検証は月に1回くらいになる可能性もある。

もうひとつ付け加えると、経営者や営業マンにとっての売上や、当社にとってのサイト訪問者数や顧客面談数といった「KGI」や「最重要KPI」レベルの数値については、本格的な検証と対応策の検討は定例会議で行うとしても、数字の把握は日々の意識づけのために、チームメンバー全員が日々行うべきである。

## 図5-1 KGIの達成率

営業編

| KGI | 達成率 |
|---|---|
| 3ヶ月後には月10件、新規開拓をしよう | （1ヶ月後の時点）<br>達成率60％ |

英語編

| KGI | 達成率 |
|---|---|
| 3ヶ月後のTOEICで800点を目指そう | （2ヶ月後の時点）<br>達成率70％ |

## ステップ②ＫＰＩの達成率を確認する

第2ステップはＫＰＩの検証だ。「結果目標」に対する達成率で把握されるものだ。

数字の比較なのでここは何も難しくないが、ポイントを挙げるとすれば、あらかじめ検証頻度に応じてＫＰＩの尺度を合わせておくことだ。

例えば、ＫＰＩが年間売上1億円だとして週に1回検証を行うときは、週次に割り算をすれば目標は200万円だとすぐ計算できる。前述のとおり、当社ではこうした検証期間ごとにブレイクダウン

**図5-2　KPIの達成率**

営業編

| KPI | 達成率 |
|---|---|
| プレゼンの勝率 20%増 | 達成率 25% |
| アポイント1日3件増 | 達成率 66% |
| 受付突破率 10%増 | **達成率 25%** |

【最重要 KPI = 受付突破率】

英語編

| KPI | 達成率 |
|---|---|
| リーディング Part7 の設問を1分で解ける割合 20%増 | 達成率 -20% |
| リスニング演習アプリの正解率 10%増 | 達成率 100% |
| 単語練習アプリの正解率 20%増 | **達成率 75%** |

【最重要 KPI= 単語の正解率】

したKPIのことを「ラップタイム」と呼んでいる。その検証対象の期間の「ラップタイム」を達成したかどうか明確に把握するためだ。

それによって反省点や課題がより明確になり、微修正をかけることができる。これこそPDCAの真髄であり、そうした微修正の積み重ねが最終的なゴールを実現するのだ。

中には「顧客満足度を上げる」といったような、短い期間だけでは成果が素直に上がっていくとは限らないKPIもある。それについては、一応ラップタイムの確認はしつつも、本格的な検証は隔週や月単位で行えばいい。

## ステップ③ KDIの達成率を確認する

KDIは「予定通り行動できたかどうか」を示す指標だ。こちらは「行動目標」の達成率（または進捗率）という形で表される。細かいTODOの進捗具合については、基本的に毎日確認と調整を行うことはすでに述べた通りだ。

あるKPIを達成するために決めたDOが複数あれば、当然、KDIも複数存在することになる。ものによってはKPIを達成する前に一部のKDIは役目を終え、新たなKD

## 図5-3 KDIの達成率

### 営業編

| | KDI | 達成率 |
|---|---|---|
| **同僚に擬似プレゼンをしてフィードバックをもらう** | （1回）擬似プレゼンをできたか | 達成率100% |
| | （1回）上司の許可を得て引き継ぎをしたか | 達成率50% |
| | 3ヶ月に1回引き継げた率100% | 達成率100% |
| **笑顔を鍛える** | （1回）参考になる動画が見つかったか | 達成率100% |
| | 毎日、笑顔を意識する（ラップタイム80%） | 達成率50% |
| **営業術の本をたくさん読んでヒントを探す** | （1回）買ったか | 達成率100% |
| | 週に2冊ずつ読む（ラップタイム100%） | 達成率30% |

### 英語編

| | KDI | 達成率 |
|---|---|---|
| **長文問題の過去問を何回も解く** | （1回）買ったか | 達成率0% |
| | 点数が上がるまで繰り返す（ラップタイム80%） | 達成率0% |
| **教材音源を毎日聞く** | （1回）ダウンロードしたか | 達成率100% |
| | 通勤途中に聴く（ラップタイム70%） | 達成率60% |
| **オンラインで個人指導を受ける** | （1回）契約する | 達成率100% |
| | 週に1回受ける（ラップタイム100%） | 達成率80% |
| **単語帳を買ってひたすら覚える** | （1回）買ったか | 達成率100% |

Iが追加されることもある。現場に近くなればなるほど、実際に振り返りをする場合に多くの時間がKDIの検証に費やされることになるはずだ。

脅威の利益率50％で高成長を続けるキーエンス社では、このプロセスであるKDI部分が現場マネジメントでは最も重視されているという。現場の達成度が高い「強い組織」では当たり前の仕組みとして定着している。

ただこれは当たり前のようで、実は盲点である。

例えば、こんな上司と部下の会話に覚えはないだろうか？

上司「ここのところ、週次でのアポ10件獲得の目標に対して、半分程度の達成率の状態が続いているようだけど、何が重点課題だと思う？」

部下「相手が私に優先度を上げて我々の話を聞きたくなるニーズ喚起トークの部分だと思っています。なかなか刺さる形が考えられなくて……」

上司「なるほど、それは素晴らしい改善意識だね。ちなみにこの半年のアポ獲得率は安定して10％あるみたいだね。平均よりも高く凄いことだね。でも、そうすると、毎週100件接触する必要があるけど、週に何件接触できているかな？」

部下「あ、その点ですが、確率を上げるために、考える時間を意識して多めに確保しており、最近は50件程度になっていると思います」

上司「なるほど。そうすると、KPIベースでは既に素晴らしいので、まず短期的にはKDIベースの方が重点課題だね。週次で100件接触するためにはどのように時間を捻出していこうか？」

このように、部下がKPIベースの課題解決に思考が寄っていて、しばらくKDIベースの課題解決がおざなりになっている状態というのは、多くの組織やチームで発生している。

繰り返しになるが、結果（KPI）はコントロールできなくても、行動（KDI）はコントロールできる。

組織の成果を上げたいなら、KDIの管理が徹底される仕組みを創りあげるべきだ。

## ステップ④ できなかった要因を突き止める

ここが検証の本丸だ。KGI、KPI、またはKDIが予想通りに推移していなかったときの要因を考える。KDIの検証は比較的わかりやすいが、KGI、KPIは少し曲者だ。

それぞれのケースを見ていこう。

### KDIが計画通り推移していないとき

予定していた行動目標が達成できないときに真っ先に考えられる要因は「時間」だ。

まずはQ1として「十分な時間をかけたか?」と問いかけることから始めるといいだろう。もし十分な時間をかけたのなら、次にQ2として「なぜ時間をかけても未達なのか?」を考える。

その答えが「実行にあたって障害があったから」なのであれば、さらにどんな障害なの

## 図5-4 KDI未達時の要因分析のWHYツリー

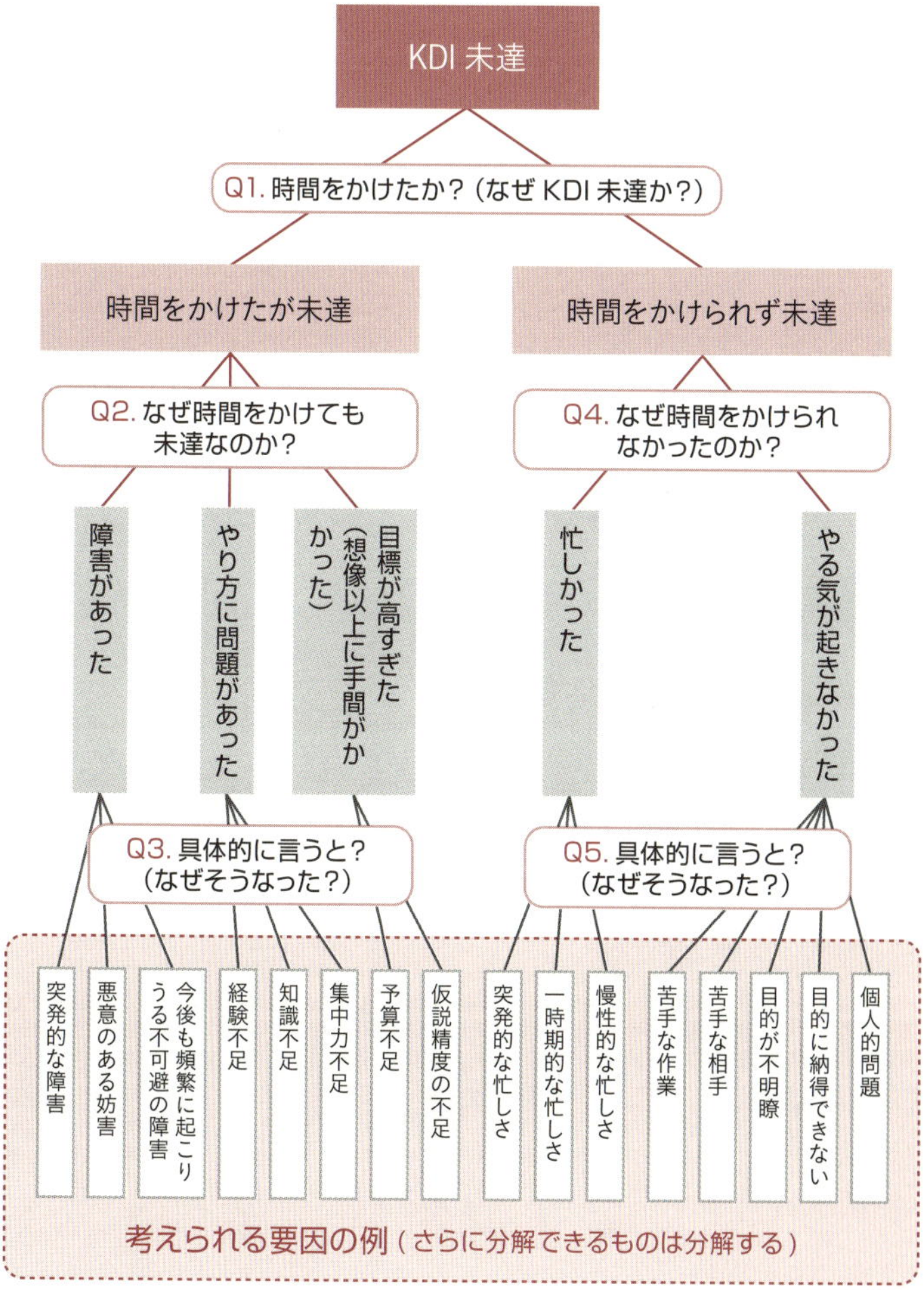

か分解していく。もし「時間をかけたがやり方に問題があった」というのであれば、やり方にフォーカスして徹底的な洗い出しが必要になる。もし「目標が高すぎた」または「思った以上に手間がかかった」のであれば、どれくらいなら実行可能なのか検討して、次の調整フェーズでKDIを変更すればいいだろう。

要するに、ここが要因だろうと思えるまで「具体的に言うと？」という問いを繰り返せばいい。

Q1に対して「時間がかけられなかった」と答えた場合は、Q4として「なぜ時間をかけられなかったのか？」を考える。「忙しかった」のであれば、たまたま突発的な案件が入って忙しかったのか、もともと抱えていたタスクが多すぎたのか、非効率が多いのかで、その後の対策が変わるのでしっかり整理しておく必要がある。

または、「単にやる気が起きなかった」のであれば、その原因を整理する。場合によっては、なぜそのPDCAを回すべきなのかという原点に立ち返る必要もあるだろう。

このように、要因分析の基本は「なぜ」の繰り返しによる課題の整理だ。「もしかして要因はここかな」と思えるまで「なぜ」を繰り返す。

## KPIが計画通り推移していないとき

ＫＰＩが達成できないときの原因は大きく分けると４つしかない。これらをまず突破口にしてみるといいだろう。

## ＫＰＩ未達の４大原因

Ａ．行動が伴っていなかった（ＫＤＩが未達）
Ｂ．行動は合っていたが不十分だった（ＤＯの不足）
Ｃ．想定していなかった課題があった（課題が未発見）
Ｄ．仮説で立てた因果関係が間違っていた（ＫＰＩとＫＤＩの連動性が取れていない）

## Ａ．行動が伴っていなかった

原因がここであれば誰でも気づくはずだ。

ＫＰＩはＫＤＩの積み重ねである。ＫＤＩが未達なら、当然ＫＰＩは達成できない。前のページのＫＤＩ未達のＷＨＹツリーを使って要因を突き止めれば良い。

ただ、行動が伴っていなくて、なおかつ他にも要因があるケースもあるだろう。その場合は発見が遅れるので、ＴＯＤＯレベルの進捗管理をこまめに行いながらＫＤＩを確実に達成していくことが重要になるのだ。

## B．行動は合っていたが不十分だった

ＫＤＩは達成できたとしても、そのＫＤＩだけではＫＰＩ達成には足りなかったというケースで、これはある意味想定内の事態といえよう。ＤＯの段階でふるいにかけているはずなので、次の調整フェーズでは保留にしてあるＤＯを追加してみればいい。

## C．想定していなかった課題があった

計画の段階で把握しておくべき要素を見落としていたときに起こる。

簡単な例で言えば、中国やシンガポール等の企業に協業に関するアポ獲得のため猛烈にメールアプローチを仕掛けているのに一向に返信がないので変だと思ったら、実は旧正月で会社が休みだったといったケースだ。

こうした要因を発見できるかどうかは当然、メンバーのデバッグ能力や経験値によるところが多いが、真っ先に疑うべきは自分の「思い込み」だ。

計画の段階では誰しも「こうすればこうなるだろう」という仮説を立てる。すると、中にはそれを仮説でなく、真実かのように信じ込む人もいる。

実行フェーズにおいては自信満々で遂行できるのでいいことなのだが、検証フェーズに入ったときは仮説に自信がある人ほど謙虚に、自分を疑ってかかることが重要だ。さもな

くば、他の可能性が視界から消えてしまう。逆に、計画の段階からさまざまな可能性を探った結果、「いろんな可能性があるけど、今回はこの仮説を試そう」と思える人は、検証フェーズでも冷静に仮説を疑うことができる。これが理想だ。

## 横に視野を広げる

真の要因が見えないときに「縦」の深掘りが足りていないケースも多いが、さらに多いのは「横」の課題、つまり自分たちの視界より外にある課題だ。

部下の要因分析を私が手伝うときも、よくこのような質問をする。

「もし、要因が今挙げたこと以外に潜むとしたら、どこにあると思う？」

「過去の事例とか自分の常識とかを外して考えると、どうだろうか？」

「このプロジェクトに1年間かけていいと言ったなら、できることはある？」

「もし、相手の会社の経営者になったとすると、どのようなことができるだろうか？」

こうした問いをすることで強制的に視界を広げる。ここでの要因分析は計画フェーズの課題抽出とまったく同じだ。ただ、計画時に立てた仮説が間違っていた可能性があることを踏まえると、計画のときより広い視点を持って分析する必要がある。計画の応用編で書いた通り、漏れや抜けを防ぐために確実な方法はプロセスを可視化することだ。行っていること、起こりうることをすべてだ。

ただ、そうはいってもやはりここはそう簡単な話ではないし、ここだけのテーマでコンサルティング会社は驚くような金額の請求書を書いてくるレベルだ。

私の経験上、見えない課題が頻繁に隠れているのは「人」「情報」「地域」「時間・時期」「ターゲット」「コミュニケーション」などにまつわることだ。その例も書き出してみたので迷ったらぜひ参考にしてほしい。特に会社組織では、計画者が実行者の行動を把握していないケースが多いので厄介である（「人」および「情報」が問題のケース）。下請けにプロジェクトを丸投げしている企業が、問題が発生したときに状況が把握できず右往左往する姿はニュースでよく見かける。

丸投げは、ＰＤＣＡの丸投げでもあることを肝に銘じる必要がある。任せることは構わないが、定期的な頻度で報告を受け、継続的にレビューを行うことを忘れてはいけない。

【課題が潜んでいる可能性が高いものを掘り出す質問】
「この人ということが課題に繋がっていないか？」
実行者の手段、コンディション、能力、経験、態度など
「この情報ということが課題につながっていないか？」

正確度、新鮮度、作為的なミスリードなど
「この地域ということが課題につながっていないか？」
国民性・県民性、慣習、文化、人口構成など
「この時間・時期ということが課題につながっていないか？」
時間帯、曜日、繁忙期、祭日、季節のイベントなど
「このターゲットということが課題につながっていないか？」
地位、業界、年齢、性別、性格、理念など
「このコミュニケーションということが課題につながっていないか？」
方法、印象、説得性、信用性、心理的負担など

### D. 仮説で立てた因果関係が間違っていた

これまでの視点で課題が見つからないとしたら、そもそも「ＫＤＩとＫＰＩが連動していないのではないか？」と疑う必要がある。ＫＰＩとは定量化された目標と現状のギャップに対する課題であり、ＫＤＩとは定量化されたＤＯだ。よって誤りが潜んでいるのは、

・ＫＰＩと解決案の関係（間違った解決案）

・解決案とDOの関係（間違ったDO）
・DOとKDIの関係（間違ったKDI）

のいずれかだ。PDCAはあくまでも仮説で動くので、こうした事態は決して珍しくない。間違っていることにいち早く気づくことが何よりも肝要だ。

こうした連動性の確認は、KDIが100％に到達するまで待つ必要はない。仮にKDIの達成率が50％であっても、仮説が正しければKPIは多少なりとも動くからだ。

例えば、当社の運営するサイト「ZUUオンライン」で特集を企画したとしよう。そこに新規記事を1本アップしたが

### 図5-5 KPIとKDIの連動性が取れていないケースとは

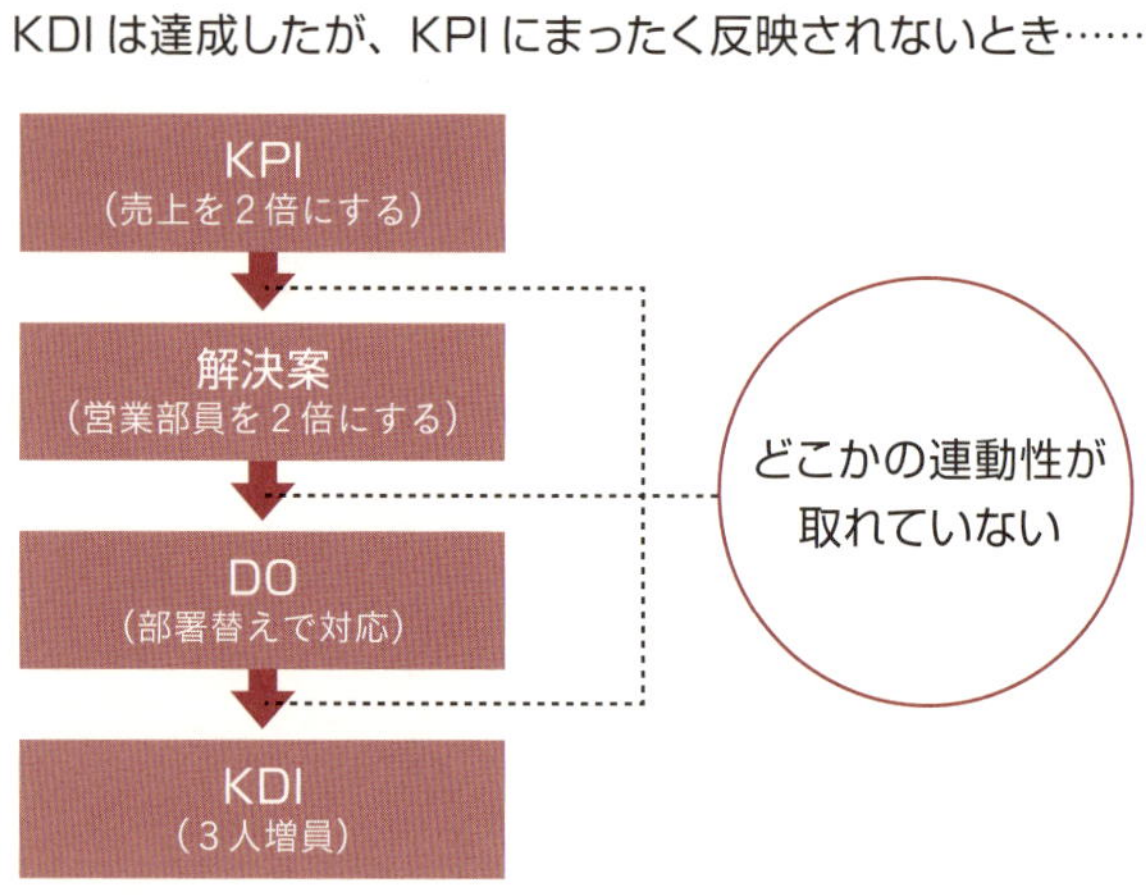

サイト訪問者（UU）の伸び率がまったく上がらなかったとする。

もちろん、想定していなかった要因があるのか調べるが（例：ニュース配信サイトへのリンクの受け渡しがうまく行っていなかった）、もしそれに問題がなさそうなら、仮説がいよいよ怪しくなる。

例えば「特集記事は作ったが、テーマがよくなかったのでは？」と。その場合、仮に当初のKDIが「10本の記事を投入すること」だったとしても、続けて2、3本投下した経過次第では編集長判断で企画を打ち切ることもある。

これを図式化するとこうなる。

課題：UU増加
↑
KPI：UU伸び率2%
↑
解決案：特集記事を組むべきだ
↑
DO：「株主優待」特集にしよう（←この仮説が要因かも！）

↓
KDI：「株主優待」について記事を10本書く

## KGIが計画通り推移していないとき

KDIもKPIも順調に行っているのにKGIがピクリとも反応を見せないのであれば、考えられる要因は2つある。

1. KGIと課題の連動が取れていない
2. 課題とKPIの連動が取れていない

のいずれかだ。前者は「頑張っているのに商品が売れないんです」と嘆く中小企業経営者や、「誰よりも訪問件数が多いのにいつも営業成績がビリなんです」と不思議がる営業マンが陥りやすいパターンだ。つまり、最もクリティカルな課題を見落としていることに気づかず、成果につながらない努力ばかりをしている。

# ステップ⑤ できた要因を突き止める

「あなた（御社）が抱える課題は何ですか？」

こう質問されると、ほとんどの人が弱みを答える。

しかし、成果を出すには必ずしも悪いところを直すことだけではなく、いいところを伸ばしたほうが全体効果が大きいこともある。

課題解決至上主義の人は、この重要な点にまったく気づいていないことが多い。強みは自覚していても「強みだからいいや」と放置する形だ。

だからＰＤＣＡを回すときは「できなかった原因」だけではなく「できた原因」も分析すべきだ。かつて私はもっと伸ばすべき自分の強み（課題）を「ブレイクスルーポイント」と呼んでいた。現在では「改善案」との対比がしやすいように「伸長案」と呼んでいる。

例えば、資料作りが得意な営業マンが、しゃべることが苦手だからといって対面スキルのＰＤＣＡばかりを回すことはあまりにもったいない。

今や、いいスライドに加え、それを示す動画を作ったら先方社内で共有がされ一人歩きしたりもする。資料や動画が勝手に相手社内で営業してくれるなら、一言も発さないでも大きな価値があるということだ。それなら、資料作りをそのレベルまで極めてみるという伸長案も当然あるはずだ。

それを決めるのは次の調整フェーズだが、この検証の段階で「資料がよかったから契約がとれたのかな」と気づくことができなかったら、その伸長策は出てこない。

できた要因を考えるようになれば、きっと検証フェーズも楽しいものになるだろう。PDCAを回すときにいつも自分のできていないところばかり見ていては、たとえそれが前進につながるとわかっていても、あまりに課題が多いと陰鬱な気分になってしまう。

自信とは自分が達成できたことを認識してはじめて湧いてくる。前進を続けるために自信はきわめて重要であり、上司としても「君の進んでいる道は正しい」と教えてあげることが大切だ。

できたことを振り返る行為は、創作料理をレシピ化する作業に似ている。

そのレシピ化には計画と実行フェーズでの仮説が欠かせない。料理をする前に分量や手順を書いておくメモのようなものだ。適当にスパイスや隠し味を入れてカレーを作った結果、とんでもなく美味しいカレーに仕上がったとしてもメモがなければ再現はできない。

「今回はこれでやってみよう」という仮説思考で動くからこそ検証が活き、再現性が高まる。

さらに言えば、再現を繰り返していればそのレシピはデフォルト化する。体が勝手に覚えるようになるので、余計な頭を使わなくてよくなる。いわゆる習慣化のことだ。

## 検証精度とスピードの関係

先述した通り、鬼速でＰＤＣＡを回すのはＫＤＩだ。行動をすれば課題にぶつかる。だからできるだけ早くその課題を解決することで実行力が上がる。

ではＫＰＩに関してはじっくり検証するのかと言われれば、そうではない。ＫＰＩの検証に関しても、「検証可能な範囲内でできるだけ早く」が基本だ。

焦りは禁物だが、じっくりはもっと禁物だ。

具体例を示そう。

新たにメールアプローチをするとして、業界の平均的な返信率が２％だとする。単純計算で50件に1件なので、最低50件は行わないと検証はスタートできない。

ただ、あくまでも平均値にすぎないので、50件送っても返信が0の場合もある。よってこうした誤差が平均化され、安定するために必要と思われる母数、例えば300件といったサンプルを取ることになる。

この例のようにパーセンテージが低いKPIほど誤差が起きやすいので、母数も必然的に増えてしまう。逆にKPIが50%もあるようなレベルであれば、もしかしたら母数は30件でいいかもしれない。

こうしたとき、鬼速でPDCAを回すことに対して、次のように反論してくる人もいる。「サンプルが少ないのに検証ばかりしていたら、逆に仮説の精度が下がるのでは？」と。

しかし、それは誤解だ。

大事なことは、母数の設定を曖昧に行うのではなく、ここも仮説からはじめてPDCAを回すことで「必要最低限」を追求することだ。

もちろん、KPIといっても認知度やブランディングのように結果が出るまでどうしても時間がかかるものもある。

こういった性質のものはさすがに数ヶ月単位で検証する必要がある。ただし、その間、実行フェーズの進捗は特に念入りにチェックする。数ヶ月待った挙句、「KDIが未達だったので検証できませんでした」では話にならない。

それに、過去の経験上、「1ヶ月すればこれくらいまで上がっているはずだ」という数値、言わば「想定ラップタイム」をあらかじめ計算しておいて、予想より動きが悪い場合は基本路線は変えずにテコ入れ策を検討することはよくある。

つまり、本格的な検証が3ヶ月先でも、それまでノータッチということは絶対にしない。また、SNSに出稿する広告のA／Bテストのように、できるだけ早く最適解を見つけてアクセルを全開に踏みたいときは、必要最低限の予算をかけて一気にPDCAを回してしまう。わかりやすく言えば「お金で検証を買う」ということである。

また、先ほどの要因分析を読んでもわかる通り、「振り返り」といっても何が要因なのか不明瞭な場合もあるし、要因分析を間違えることもある。しかし、継続的にPDCAを回していくのであれば、仮説を間違うことを恐れずに、スピード重視で前進していくべきだ。

## 鬼速クエスチョン

### 検証編

- 目標としていたKGI（KPI・KDI）の達成率はどれくらいですか？
- 達成できなかった要因としてどのような理由が考えられますか？
- 努力が足りなかった、ついていなかったという理由以外でなにか理由は考えられますか？
- 人（情報、地域、時間・時期、ターゲット、コミュニケーション）に問題は潜んでいませんか？
- 達成できた要因としてどのような理由が考えられますか？
- それは次回も使えそうな成功要因ですか？

# 6章

# 調整する
# （ADJUST）

A

# ADJUSTの体系的理解が難しいわけ

解説に入る前に、まず、ここまでのPDCAのステップをあらためて整理しておく。本書の冒頭に用意した「鬼速PDCA解剖図」とあわせて確認してほしい。

・「P」：ゴールを決め、課題を考え、KPIを設定し、解決案を考える。
　アウトプット＝ゴール（KGI）、課題（KPI）、解決案

・「D」：解決案を一段具体化したDOを考え、そのKDIを設定し、さらに具体化したTODOに落とし込み、実行する。
　アウトプット＝DO、KDI、TODO

・「C」：KGI、KPI、KDIを検証し、できなかった要因とできた要因を絞り込む。
　アウトプット＝達成率、できなかった要因、できた要因

・「A」：検証結果を踏まえ調整案を考え、次のサイクルにつなぐ（または中止する）。
　アウトプット＝調整案

## 調整フェーズは、検証結果によってスケールが変わる

最後の調整フェーズでは、検証フェーズの結果を踏まえて対応を検討し、次のPDCAサイクルにつなげていく役割を担う。ちなみにつなげると書いたが、PDCAを中止する判断もここで行う。それも含めて調整フェーズの結果を「調整案」と呼ぶことにする。

PDCAサイクルの中で一番「わかるようでわからない」存在なのが、この「A」である。一般的にいえば、「反省結果を活かし、PDCAを改善する」という意味合いだろう。しかし、実際にはどのように次のPDCAを考えていけばいいのだろうか。

実は調整フェーズがわかりづらい最大の理由は、検証の対象であるKGI・KPI・KDIのそれぞれが扱うスケールの大きさがバラバラであり、その検証結果次第で、「調整」のレベルも大きく変わるからである。

調整のレベルは次の4つのケースに分けられる。

ケース1：ゴールレベルの調整が必要そうなもの
ケース2：計画の大幅な見直しが必要そうなもの
ケース3：解決案・DO・TODOレベルの調整が必要そうなもの
ケース4：調整の必要がなさそうなもの

そしてこれらのケースによって、次のPDCAサイクルとのつながり方も変わってくるのだが、それは後ほど触れることにする。

ここから解説する調整フェーズは、次の3つのステップに分かれる。

## ステップ① 検証結果を踏まえた調整案を考える

検証フェーズから渡されるバトンは、次の3つである。

・KPI・KDI（またはそのいずれか）の達成率
・できなかった要因

・できた要因

達成率は数値化されているのでわかりやすいが、要因の粒度はバラバラだ。

ただ、どのような粒度であれ、基本的に行うことは決まっている。

できなかった要因については「どうやったらできるようになるか？」、できた要因については「どうやったらさらに成果を出せるか？」を考え、記録する。

もしリストアップされている要因があまりに多いなら、その要因に対して対策を打ったときのインパクトだけにフォーカスしてふるいにかけ、検討事項を減らしても構わない（理想はすべてに対策を講じることである）。

さて、その調整案を考えた結果は、先ほど示した4つのレベルに分けられるはずだ。

## ケース1　ゴールレベルの調整が必要そうなもの

ゴールの調整といっても「中止」「変更」「追加」の3つがある。

中止とは、調整案を検討した結果、「どうやっても無理」「さすがに諦めよう」とゴールを諦める場合だ。不測の事態でPDCAを断念せざるを得ない場合もあれば、あらかじめ決めていた予算上限に達したのでストップする場合などもある。

変更とは、達成する対象を変更したり、期日を先送りしたりしないといけない状況になったときだ。

ゴールが変わるということは、つまり新しいゴールに向けた新しいＰＤＣＡが回るということなので、ゴールの中断であろうと変更だろうと今までのＰＤＣＡは中止される。

一方、ゴールの追加とは、プロジェクトを進めていて予想もせぬ大きな課題に直面したとき、今までの業務とは別途、プロジェクトチームを作るようなケースだ。

赤字が膨らむ事業部を閉鎖しよう（ゴールの中止）
　↓ＰＤＣＡ中止

今年の司法試験を諦め、来年に照準を合わせよう（ゴールの変更）
　↓現在のＰＤＣＡ中止、新しいＰＤＣＡスタート

コスト削減を進めていたら、不明瞭な会計処理が見つかった（ゴールの追加）
　↓現在のＰＤＣＡ続行、新しいＰＤＣＡスタート

## ケース2　計画の大幅な見直しが必要そうなもの

ゴールは同じでも、課題を入れかえる、または追加しないといけないケースだ。

特にスケールの大きな課題を扱っていて、その課題レベルに変更や追加があると、かなりのタイムロスが起きる。

例えばゴールが「会社の利益アップ」で、最重要課題が「売上増」から「コストダウン」に変わるとなると、かなりの方針転換が起こるレベルだ。経理や資材部を巻き込んで現状の把握や情報収集、KPIの設定など、計画の大半をやり直さないといけないのでPDCAサイクルは大幅な遅延が予想される。

ただ、課題が解決されたことでPDCAサイクルから外す場合は、課題の優先度の入れかえなどは起きるが、PDCAサイクルの速度にはあまり影響は及ぼさない。

・英語のリスニングは十分強化したのでやめよう（課題の中止）
・企画を増やすためにネット収集よりリアル人脈の構築にシフトしよう（課題の変更）
・顧客を増やすためにDMアプローチを検討してみよう（課題の追加）

↓ステップ②へ

## ケース3　解決案・DO・TODOレベルの調整が必要そうなもの

ゴールも課題も同じだが、解決案やDO、TODOに対して変更やテコ入れをするケースである。役目を終えた、または効果が薄かった解決案やＤＯ、ＴＯＤＯを外し、他の解決案、ＤＯ、ＴＯＤＯ（優先順位を下げていたものを含む）を追加するのもここだ。

計画自体はほぼ変わらないため、Ｐを飛ばして追加策のＤから検討していけばいいので「Ｐ→Ｄ→Ｃ→Ａ→Ｄ→Ｃ→Ａ……」と非常にスピーディーに回るのが特徴だ。最初の計画のフェーズで精度の高い仮説を立てていれば、大きな軌道修正をしなくていいので、自ずとこのケースになる。

実際にここで取り上げられることになるトピックの多くは、「ＫＤＩの未達」に対する改善案だろう。作業手順を変えてみたり、作業時間をブロックしたり、助っ人をアサインしたりとさまざまな案が考えられる。ここで考えた改善案や伸長案は次の実行フェーズであらためて具体化されるので、調整フェーズでは「テコ入れをしよう」くらいの粒度で終わってもいいが、その場で決められることなら一気にＴＯＤＯレベルまで考えて、実行フェーズに横滑りさせたほうがＰＤＣＡは速く回る。

ただ、中にはテコ入れ策といっても「人員を倍増する」といった大規模なタスクも出てくるかもしれない。その場合はさすがに新たな「課題」として扱わないと達成できないレベルなのでケース２に該当する。

・セルフトークが習慣化したのでルーチンチェックシートから外そう（ＤＯの中止）
・本を読み出したら成果が出たので、読む量を増やそう（ＤＯの変更）
・人手が足りないのでインターンにもプロジェクトに入ってもらおう（ＤＯの追加）

↓ステップ②へ

## ケース４　調整の必要がなさそうなもの

成果が出ていて、なおかつ改善の余地がないのであれば、そのまま次のサイクルでも同じＫＤＩで動けばいい。しっかり経過を追っているのであれば、計画を継続することも立派なＰＤＣＡである。

同じことを続けるのも一種の伸長案ではあるが、わかりづらいのでアウトプットは「なし」にしておいた。計画はまったく同じなので、次のサイクルでは計画フェーズを省略し、そのまま実行フェーズに行けばいいが、他の調整案のほうが優先度が高いケースもあるので、天秤にかけるためにいったんステップ②へ行く。

もう１周、同じ処方箋で行って経過をみよう。

↓ステップ②へ

## ステップ②　調整案に優先順位をつけ、やることを絞る

今ある時間、予算、人手の中ですべてを実行するのはおそらく不可能なので、あらためて「インパクト」「時間」「気軽さ」そして「実現可能性」の指標で優先度をつける。計画の見直しが迫られるケース2は、おそらくインパクトは強いが時間がかかる。逆に解決案レベルで済むケース3は、インパクトは小さいが時間はあまりかからないだろう。

例を示そう。今まで電話アプローチしかしてこなかった営業マンが、徐々にアポ率が下がっていた。要因は「電話アプローチのリストも終盤にさしかかり、可能性の高い優良顧客には電話をし尽くしたから」であったとしよう。

その結果考えた調整案は次のようになった。

- ・ゴール設定を下げる（ケース1）
- ・メールアプローチを追加する（ケース2）
- ・交渉術を磨く（ケース2）

・電話アプローチの最新のリストを探す（ケース3）
・電話アプローチを継続する（ケース4）

そして、それぞれの調整案を見直していくのである。


「さすがにまだ改善の余地はあるから、ゴールを下げるのはまだ早いだろう」

「メールか。インパクトはありそうだけどノウハウがないしリストもないから時間はかかりそうだな」

「交渉術を学んだらちょっとはマシになりそうだけど時間かかるよな」

「最新のリストが入手できるなら即効性あるよな。探す価値はありそうだ」

「効果が下がっている電話アプローチの

**図6-1　調整案の優先順位づけ**

| | インパクト | 時間 | 気軽さ | 実現可能性 | 優先度 |
|---|---|---|---|---|---|
| 諦める | C | — | C | C | C |
| メールアプローチを追加する | A | 1ヶ月 | C | B | B |
| 交渉術を磨く | B | 3ヶ月 | C | C | C |
| 電話アプローチの最新のリストを探す | A | 3日 | A | A | A |
| 電話アプローチを継続する | C | — | A | A | B |

優先度は下げないといけないな」

その結果がこうだ。ここでの優先度を踏まえてやらないことを決め、残った調整案を次のサイクルにつなげていく。

## ステップ③ 次のサイクルにつなげる

いよいよ最後のステップに入った。ＰＤＣＡは回し続けることに意義がある。調整フェーズは改善案や伸長案といった具体的なアイデアを決めるだけではなく、ＰＤＣＡサイクルの命とも言える「次のサイクルへの橋渡し役」を担っている。

例えば現在進行形のプロジェクトの定例会議で、課題レベルでの変更・追加を必要とする調整案が出てきたら、次のアクションは、

❶ 新たな課題に関する情報収集
❷ 関係者へのアナウンス
❸ ＫＰＩの設定、懸念材料の整理、解決案の議論といった計画立案をいち早く行う

といったことである。要するに「できるだけ早く次のPへつなげ」ということだ。

もしプロジェクト会議で解決案・DO・TODOレベルの改善案や伸長案が出てきたら、できればその場で、

❶担当者を決める
❷期日を決める
❸できるだけ具体的なタスクに落とし込む

といったことをするのが肝心である。こちらは「できるだけ早く次のDへつなげ」ということだ。

PDCAをそのまま継続させる場合も同様に、実行者がその会議に出席していないなら「うまくいっているぞ。今週もアクセル全開で頼む」といち早く伝える必要がある。必ずしも毎回手間のかかるPを行う必要などない。

# 検証と調整フェーズでよく起こる間違い

ＰＤＣＡの各ステップの説明は以上になるが、最後に検証と調整フェーズで起こりやすいミスについて触れておきたいと思う。

## ― 新しいものに目移りしやすい（個人）

「思うようにＫＰＩが伸びない……。きっとＫＤＩが連動していないんだ。じゃあ、新しい対策を考えよう」

そんな風に安易に判断を下して、絶えずやり方を変えている人は非常に多い。

一見、その人のＰＤＣＡサイクルは高速で回っているように見えるが、「最低限の検証・調整」には「最低限の仮説設定」と「最低限の検証期間」と「最低限の行動結果」の3つが欠かせない。

目移りしやすい人はどれかが欠けているか、「情報の新しさ」を優先度の基準にしてしまうので、今のやり方を躊躇なく捨ててしまうのだ。

### 2　間違ったものばかりに目が行く（個人・組織）

改善点ばかり気にして、伸長案を軽視することだ。

その場合は、「改善案2つにつき、伸長案も1つ選ぼう」といった方法で、強制的に自分の良さに目を向けるといい。

### 3　意見の統一がはかれない（組織）

要因分析や調整案の立案・選定といった作業をチーム単位で行うときに必ずあるのが意見の対立だ。

特にその分野について中途半端な経験がある人は厄介だ。「わかってないなあ。絶対こっちですよ」と自信に満ちた表情で主張するので周囲も反論しづらい空気になる。

そうした事態を防ぐ基本対策は、論点を整理して、ひとつひとつ確実に潰していくことだ。それをしないからインパクトの話をしているのに「でも予算が……」と言い出す人が出てきて議論が錯綜《さくそう》する。

では絞り込みの段階で意見が2つに分かれたらどうするか？

今後も検証チャンスがあるならば、本書で何度も言っている仮説思考である。「今回はAさんのアイデアを試そう。もしダメだったらBさんのアイデアも試す」というA／Bテストの発想だ。中途半端にAさんとBさんの案の折衷案を採用しても効果が検証しづらい。

もし喫緊の問題解決などで一発勝負に近い判断を迫られている場合は、リーダーが最終判断を下すことになると思うが、そのときは、

❶リーダーが責任の所在を明言しておく
❷不採用になったメンバーのフォローをする

ということが重要だ。

### 4　課題のたらい回し（組織）

部署（や会社）を飛び超えた大きなプロジェクトがスピーディーに進みづらい理由は簡単だ。課題のなすりつけあいが起きるからである。

このように部署を超えて力を合わせる必要がある場合、組織自体がしっかりしていて、

責任や権限や成果指標が明確化されている会社であればあるほど、難易度は上がりやすい。

これは、優先度をつけるときのひとつの指標として本書で何度も使ってきた「気軽さ」が、低いということでもある。

お互いの部署の優先順位とぶつかってしまうことがあるとともに、「課題は向こうの部署にある」と責任や課題の押し付けあいにまで発展するのもよく見る光景だろう。特に、決裁者の現場の実態把握が弱い際には、尚更こうした事態になりやすい。

新しくプロジェクトが発足されたら、部署内でのそれよりも更に、目標設定からのＰＤＣＡプロセスや関わり方を明確化する。

そしてそれを各部署や関わる個人、そしてその上司の評価指標にも入れるくらい徹底して行うことが必要である。

また、こういった事態が起こりづらいように、私は鬼速ＰＤＣＡを全社の仕組みとして浸透させようとしている。

仕事の進め方自体が鬼速ＰＤＣＡプロセスになるのであれば、個人での鬼速ＰＤＣＡスキルが弱いメンバーがある程度混じっていても前進できる。実際当社にもそういったメンバーが少なくないが、仕組み側が強いため弊害は少ない。

## 5　プロセスの可視化が不十分（組織）

ＰＤＣＡを回して絶えず前進していれば、自ずと課題も優先度も変わり、ときに大幅な計画変更もある。

そのとき大事なことは、その判断に至ったプロセスを見せることだ。

それを怠ると上司や部下から次のような指摘が入りやすい。

・継続：「ずっと同じ課題回してない？」「ちゃんと考えているの？」
・変更：「迷走してない？」「腹据えてやったほうがよくない？」
・追加：「手を広げすぎじゃない？」「選択と集中をした方がよいのでは？」

特に計画の変更をするときにプロセスを開示しないと部下の不満は溜まる一方だ。

「なんで俺の案が変えられるんだ！」
「今までやってきたことは無駄だったの？」
「また社長の思いつきが始まったよ……」

すべてのプロセスを詳細にアップデートする必要はないが、少なくともその判断が「ＰＤＣＡを回した結果である」ことは絶対に伝えないといけないし、説明を求められたら、理路整然と数字とロジックで説明できないといけない。

プロセスを共有しながら鬼速でＰＤＣＡを回せる組織では、そのペースに戸惑う社員が一定数出てくるが、「どんどん変わっていけるうちの会社ってすごいな」と思う社員がそれ以上に増える。

## 鬼速クエスチョン

### 調整編

- 検証期間は十分だったと思いますか？
- 達成できなかった要因を改善するためにはどのようなことが考えられますか？
- 達成できたことをさらに1.5倍程度にする方法はありそうですか？ それはどのような策ですか？
- 改善案、または伸長案で優先度の高そうなものはどれですか？
- 現在のゴール設定はそのままで大丈夫ですか？
- 計画を大幅に練り直す必要はありますか？
- 微修正程度であれば、この段階でスケジュール帳に書き込めるレベルまでタスク化できますか？
- 計画の変更を伝えておくべき人はいませんか？

# 7章

# マネジメント力で組織を超鬼速にする

## 上位ＰＤＣＡ（経営視点・俯瞰視点を持つ）

私自身、営業からキャリアをスタートし、起業後に事業を拡大する過程で、個人レベルのＰＤＣＡから組織を俯瞰する「上位ＰＤＣＡ」へと進化させてきた。組織が大きくなると、経営戦略やステークホルダーへの説明責任、意思決定スピードなどが求められ、その視点は個人だけでなく組織全体に及ぶようになる。

当社は鬼速ＰＤＣＡを導入・徹底することで、創業5年という短期で株式上場を果たし、継続的なＭ＆Ａによりグループ会社は7社に拡大した。組織規模の拡大に伴い、社内外の環境は複雑化し、取り組むべきＰＤＣＡの数・規模が急増する。さらに複雑なオペレーションや高い意思決定速度を要するため、ＰＤＣＡの回転速度は加速度的に上がっていく。こうした高度なマネジメントを要する「上位ＰＤＣＡ」こそが、組織全体をさらに大きく成長させる推進力となる。

しかし、鬼速ＰＤＣＡの根本原理は個人でも経営レベルでも同じである。ゴールを明確化し、現状とのギャップを因数分解し、最優先課題を特定して計画・実行・検証・調整を回す。ゴールが大きくなるにつれ難易度は上がるが、因数分解によって最短ルートを見出すことができる。

このＰＤＣＡが進化し、組織も拡大し、さらにＰＤＣＡが高度化する……螺旋状の高速進化によって、鬼速は「超鬼速」へとアップグレードしていく。

## 経営の仕組みと戦略的な粒度

マネジメント方法や経営の仕組みを検討するときは、戦略をどの粒度で描き、どのように組織全体へ落とし込むかが重要となる。全社的に一度で大きなインパクトを狙う方法と、少人数での検証結果を横展開する方法のどちらが良いかは、企業文化や市場状況によって異なる。

当社では、各部署・メンバーの進捗状況を可視化し、全社的な意思決定速度を高めるために週報や短時間ミーティングを設計し直した。こうした仕組み設計をすることで、トップダウンとボトムアップの相互作用を強化し、組織学習を加速させている。

## 経営戦略の根幹をなす上位ＰＤＣＡ

経営とは、「ビジョン・戦略」「顧客獲得・深耕」「価値提供・開発」「組織・人材」「金融・財務」といった複合要素が絡み合っているものだ。これらを有機的に結合し、自社の強みやポジショニングを活かして競争優位性を構築するには、上位ＰＤＣＡが不可欠だ。

攻め（新規事業・Ｍ＆Ａ・拠点拡大）だけでなく、守り（リスク管理、ガバナンス強化、内部統制）へのリソース配分も随時調整しなければ、成長のための土台が揺らぐ恐れがあるだろう。

こうした戦略的判断をタイムリーに行い、全社に浸透させるためにも、トップダウンで方向性を示しながら、ボトムアップで現場の知見を組み上げるという二重構造が効果を発揮する。

まさに、企業規模や市場環境の変化に合わせてＰＤＣＡを高次へ進化させることで、持続的かつ力強い成長を実現するのである。

## 継続的な標準化

当社では、優先度の低い業務を削減し、高い価値を生む業務に時間を再配分するために、「標準化」を強力に推進している。

トヨタ生産方式（TPS）などで著名なように、標準化は誰もが同じ品質で作業できる状態を目指す取り組みであり、業務の属人化を防ぎ再現性を高める。結果として、生産性は飛躍的に向上する。

当社では、KDIやTODOまで因数分解されているため、例えば「営業」「広告運用」「SEO対策」のような業務でも成功要因をマニュアル化し、Onion（Onisoku Onboarding）というポータルに蓄積している。

ここではトークスクリプトや実際の音声サンプルなどを公開し、誰でも容易に同じレベルの実践が可能になる。

こうした標準化は一度決めたら終わりではなく、PDCAによって常にアップデートされる。例えば、新たな伸長案が生まれるたびに標準やマニュアルを更新し、成果が再現性高く組織内に広がる。これをAIと組み合わせれば、過去の成功施策の共通点を抽出して「標準の型」を自動提案させることも可能だ。

結果として「上司しかできなかった業務」が部下でもこなせるようになったり、「900時間かかっていた業務が500時間で済む」ようになったりするなどの大幅な効率化を実現している。

属人化が解消されることで、企業としてのスケーラビリティーが飛躍的に高まり、鬼速

ＰＤＣＡの土台がより強固なものとなる。

# 15分ミーティングとアウトプットシート

## 15分ミーティング

当社の重要なマネジメント手法で、超鬼速ぶりを象徴する代表的なもののひとつが、15分ミーティングだ。

使用するフォーマットや事前の情報共有の方法を工夫することで、ミーティングを課題解決に特化した場にしている。これは、大人数の部署でのミーティングは週1回15分のみにして、代わりに、ＰＤＣＡが鬼速で回りやすい規模の、もう一段二段下くらいのテーマやプロジェクトとして運営される。

例えば、マーケティングという仕事ならば、顧客獲得全体でなく、インサイドセールスとフィールドセールス、カスタマーサクセスといったテーマごとに分かれるイメージだ。

ミーティングの人数は、原則2名から最大でも8名としている。

ある進行中のプロジェクトのミーティングを例にとってみよう。

まず、メンバーはミーティングの内容を事前にGoogleドキュメントで共有する。ここに記載されるのは主にプロジェクトのKGI、KPI、KDIの達成状況はもちろん、それらの重点課題から、それらに対する具体的な改善案・伸長案である。つまり鬼速PDCAプロセスが可視化、そして加速されるフォーマットとなっているのだ。

改善案にはメンバーに意見を求めたいことや依頼したいこと、現在ボトルネックになっていることなどを記載する。ミーティング前までに各自がこれらを読み込み、共有ドキュメントに直接コメントを入れることで、ミーティングの時間が最終的な意思決定や方向性の確認のための場となり、各自がすぐに次の行動を起こせる状態になっているのだ。

毎回の会議に1時間かけている企業が、会議開始とともにスタートラインに立っているとすれば、当社はミーティングが始まる時点よりとっくの前に走り出している状態だ。

目的を明確にし、立ち止まることなく次の行動に素早くつなげる。こういった発想は、生産性を重視する「強い組織」では一般的だ。

『鬼速PDCA』出版以降、この方法へアップデートしたことで、当社のPDCAはさらにスピードアップした。

## アウトプットシート

当社では、情報共有系やワークショップ型のミーティングを終えた際、参加メンバー全員が「アウトプットシート」を記入する仕組みを整えている。

このシートには主に、

・理解したこと・気づき
・行動（変化）につなげること
・疑問点・追加案・切り口

をまとめる欄があり、ミーティングは常に「アウトプットを前提としたインプットの場」として捉える。

いわゆる「教えることによる学習効果」と同様、アウトプットを要求される状況下では、人は情報をより深く処理しやすい。さらに、他者のアウトプットを閲覧できる仕組みがあるため、互いの気づきを参考にさらに視野を広げ、ＰＤＣＡの精度を向上させられる。

一般的な企業でありがちな「セミナーや研修でインプットだけして、実行フェーズにつながらない」状態を防ぐためにも、ミーティング直後に行動まで落とし込むという仕掛けは非常に有効である。

## 「捨てる会議」

当社は組織の生産性を高めるために、「捨てる会議」でマネジメントを再構築した。捨てる会議は、不要な会議や制度、慣習を大幅に削除・統合し、組織全体を軽く素早く動かすことを目的とするものである。これにより3ヶ月に一度見直しを行い、常に最適化するようにしている。

次に挙げるのは、実際に当社で取り上げた「捨てる会議」での検討事項だ。

・社内会議を半分捨てる
・1on1を半分捨てる
・全社総会を半分捨てる
・フリーアドレスを捨てる

最初に掲げたのは「社内会議を半分捨てる」という施策である。

朝会や夕会など、過去の慣習によって惰性的に続いている会議を洗い出し、統合または廃止することによって、生産性を損なう要因を削減するという検討事項が出た。会議が増えすぎるとコミュニケーション効率が落ちるため、アジェンダの事前共有や目的の明確化を行い、会議数そのものを極力減らす姿勢が重要であり、それをどのように実現するかとして、取り組みにより3ヶ月で、30%の会議削減を実現した。今も50%削減目標まで丁寧に進めている。

次に「1on1を半分捨てる」という施策についてである。

世の中で1on1が過剰に美化された風潮を見直し、複数人で共有できる内容はまとめて扱う、あるいはカレンダーに相談時間を設ける、週次を隔週にするなどにより、効果は変わらない状態で半分にできる可能性を検討し実行した。

「全社総会を半分捨てる」という施策では、大規模な全社イベントを減らしつつ、パーパス・ビジョン・バリューの共有や帰属意識の醸成を目的とした小規模な交流の場を増やすということを意思決定した。GoogleのTGIFのように、定期的に社員同士が気軽に集まれるイベントを設けることで、全社会議の代替としている。

また、オフィス運用面では、「フリーアドレスを廃止」を検討事項として挙げ、その場で意思決定がされ、固定化とともに「1ヶ月ごとの席替え」を行うことになった。

これは、毎朝どこに座るか迷う時間を削減し、上司と部下が適度に近い距離を保つことでコミュニケーションを円滑にする狙いがある。同時に、仕事に関係のない雑談が多過ぎたり、喫煙に出る頻度があまりにも高すぎる社員には注意を促し、業務に集中できる環境を整備することも行った。

「捨てる会議」により、組織内の不要な会議や慣習を大胆に整理しつつ、全員が仕事の成果を共有・評価しやすい体制を築くことが可能となる。このことが、鬼速のPDCAサイクルを実現する鍵となる。

## 鬼速PDCA式週報

当社は「鬼速PDCA式週報」を導入している。これは各メンバーが週1回提出する週報をPDCAのフレームワークに沿って書く仕組みであり、組織全体でPDCAを回すための強力な仕掛けだ。
週報の主な項目は次の通りだ。

❶今週の活動：
週間カレンダーを添付（当社はGoogleカレンダー）。ミーティング過多や商談数など1週間の時間の使い方を可視化。

❷KGI・重点KPIの進捗：
週次タームでの進捗を数値化する。

❸今週の振り返り（改善点・伸長点）：
現状とのギャップを認識した上で、最低3つ以上の改善点と伸長点を挙げる。この振り返りが❷と合わせて、PDCAのCHECKフェーズに該当する。

❹今週の重点課題や成功仮説のアップデート：
他メンバーとのナレッジシェアにつながる。また、PDCAのADJUSTフェーズに該当する。

❺時間資本の再配分：
1週間の工数棚卸し（時間の使い方を見直し）、翌週にはさらに時間対効果最大化につなげる。

❻来週の活動方針・予定：
これらを具体的なタスクへ落とし込む。
❼その他（相談事項・よもやま・Big Up など）：
上司や周囲への相談や、チーム内コミュニケーションを深める。
❽今週の問い：
会社として考えて欲しい「問い」を提供し、考え深め、回答することで、思考が活性化され、また時に自分との対話を行うことができコーチング的な役割も果たす。

【これまでの問いの例】
・リミッター外し：
3ヶ月後に、組織と自分自身どちらも現在の5倍の粗利益を生み出すために各々何が重点課題か？　そして、その重点課題を突破するにはどんな重点策が各々考えられるか？
・改善計画：
来期の上半期の間（4月〜9月の間）で、自分が主に持っている領域の1つを20％改善するには？」

❶・❷で現状を可視化し、❸・❹で振り返りと仮説アップデートを行い、❺・❻で翌週

の具体的な行動に落とす。これにより、週報1回につきPDCAを一巡させることになる。周囲のメンバーや上司もコメントを行うことで、早期にボトルネックを発見し成功知見を共有できる。新人・若手社員でもPDCAの思考プロセスを自然と身につけられ、組織の学習力が底上げされるのが大きなメリットである。

ただし、週報を運営する側・コメントする側のPDCA精度が低いと、形骸化し効果が得られにくい点には留意が必要だ。

## PDCAを組織で回す必要条件

章の最後に、組織でPDCAを鬼速で回すための10個のポイントを再度整理する。次の項目は、大規模組織にも応用可能な内容であり、組織学習やイノベーション理論など幅広い文脈とつなげて捉えることができる。

### ❶因数分解で精度の高い仮説を立てる

計画時に複雑な課題を細かく因数分解できるほど、早期のボトルネック発見や課題見落としの防止につながり、次のサイクルでの軌道修正も小さくなる。

**❷仮説思考、リーン思考で動く**

情報が足りなくても「試してみる」というリーンスタートアップ的なアプローチが重要。「課題が見えないからやらない」のではなく、「やれば課題が見えてくる」と発想を切りかえる。

**❸常にインパクトの大きい課題・行動から着手する**

KGIを起点に、最も効果が大きい（KPIに大きな寄与をする）タスクを先に実行する。たとえ計画すべてを完遂できなくても、優先度の高いところから着手していれば成果に近づける。

**❹行動のアイデアが湧いたらすぐにタスク化する**

実行フェーズでの「保留」が最大のムダ。DOを思いついたら即座にTODO化し、アクションリストへ落とし込む。

## 図7-1 鬼速ＰＤＣＡのポイント

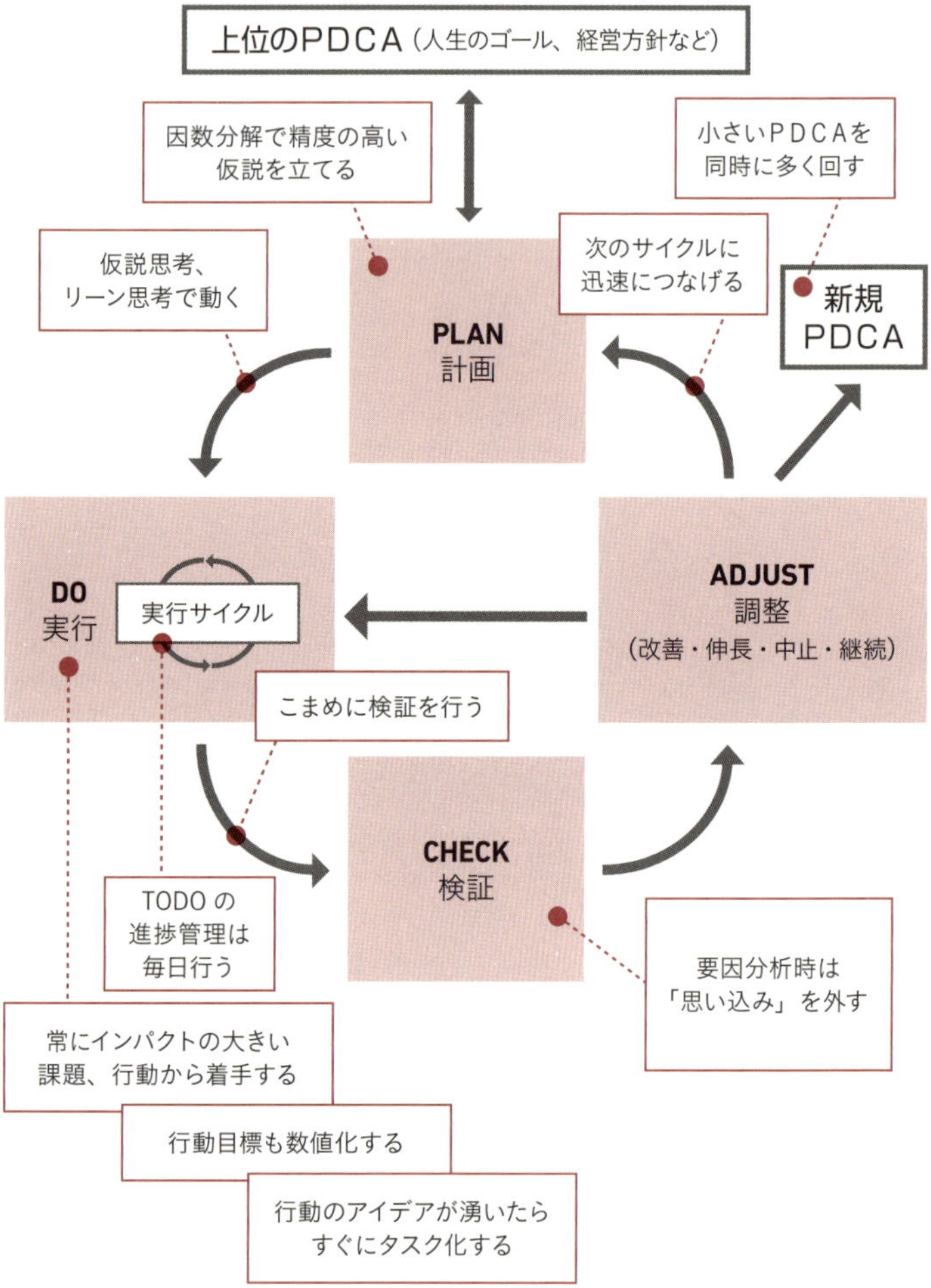

### ❺行動目標も必ず数値化

結果指標（ＫＧＩ・ＫＰＩ）のみならず、行動指標（ＫＤＩ）を定量化することで、「どんな行動をどれだけ行うか」を管理しやすくなる。

### ❻ＴＯＤＯの進捗管理は毎日行う

ＴＯＤＯレベルの進捗把握とタスク調整は、理想的には1日数回の頻度で行う。こまめな「進捗確認＋障害除去」が鍵。大きな組織が陥りやすい「意思決定スピードの遅延」を防ぐためにも、リアルタイムに可視化されたタスク管理が有効。

### ❼こまめに検証を行う

ＫＧＩ、ＫＰＩ、ＫＤＩの3階層それぞれに対して、検証可能な範囲で最短サイクルを回す。そうすることで無駄な努力や誤った方向への投資を減らす。

### ❽要因分析時は「思い込み」を外す

「思考の固定化」を打破し、縦・横の視点で課題を分析する。認知バイアスの研究でも、人は状況を自分に都合よく解釈しがちなので、第三者の視点や定量的検証を積極的に導入する。

**❾次のサイクルに迅速につなげる**

計画変更が必要なら即座にメンバーを集め調整する。改善策の共有や施策レベルの微調整は、その場でTODO化してタイムラグを減らす。変化が必要なときに迅速に体制を変えられない組織は競争力を失う。小回りを効かせる組織風土づくりが不可欠。

**❿小さいPDCAを同時に多く回す**

大きなPDCAを1つだけ回すより、小さなPDCAを並行して回すことで、失敗や学習のスピードを上げられる。ソフトウエア開発のアジャイルやスクラムでは、短いスプリントを複数走らせることで大きな成果を早期に得る手法が一般化している。

# 8章

# 「PDCA」×「AI」

## 次世代のマネジメントスタイル

ここまで、ＰＤＣＡがビジネスにおいて重要なフレームワークだということをお話ししたが、この章では、変化のスピードが加速する現代において、新たな加速装置として注目されているＡＩについて話をしたい。

ＡＩは、業務の効率化や意思決定の支援だけでなく、ビジネスパーソンの能力そのものを拡張し、次世代のマネジメントスタイルを生み出す可能性を秘めている。

ＡＩの活用は、特にマネジャーに革新的な変化をもたらす。

従来のマネジメント業務は、膨大な情報の処理や意思決定の連続であり、多忙を極めるものであった。しかし、ＡＩを活用することで、データ分析やレポート作成、意思決定の支援などをＡＩに任せることができ、マネジャー自身は本来のリーダーシップや事業計画に今よりも多くの時間を費やせるようになる。その結果、マネジャーの役割は「管理の負担」ではなく、「チームの可能性を最大化する仕事」へと進化するのである。

近年「仕事のレベルは上げたいが、管理職にはなりたくない」と考える若者が増えているという。理由としては、「業務量が多すぎる」「責任ばかり増える」「給与と労力が見合わない」「ワークライフバランスが崩れる」といった点が挙げられている。しかし、AIを活用したマネジメントが浸透すれば、これらのネガティブな要素は軽減され、むしろ「働きやすく、やりがいのあるポジション」へと変わっていくはずである。同時に、マネジメントという職種に上がっていかないと、自分自身が淘汰されるリスクにもさらされている。

## 組織全体の生産性をワンランク上げる

さらに、マネジャーだけでなく、現場のスタッフもAIを活用することで、これまで以上に生産性を高めることができる。例えば、AIを自分の「分身」として知的作業をアウトソーシングしながらPDCAを回すことで、AIを使っていないマネジャー以上の生産性を実現することが可能になる。

個々のビジネスパーソンがAIを味方につけPDCAを回すことで、組織全体の業務と生産性がワンランク底上げされると考えられる。

本章では、「PDCA×AI」という新しい概念を通じて、AIを活用したビジネスパーソンの能力向上とマネジメントの革新について、PDCAの順序で解説する。

ただ、ＰＤＣＡすべてのフェーズでＡＩを活用せずに「ＰＬＡＮに活用する」や「ＣＨＥＣＫをＡＩで行う」など、ＡＩに問うテーマによって工夫することもよいだろう。

また、ＡＩはＰＤＣＡの型にはまらない順序を超えたアウトプットを行う場合があるが、そこから質の高いアイデアやアクションが生まれることも多いので、自分なりのＰＤＣＡ×ＡＩの活用法を見つけてもらいたい。

## ＡＩをＰＤＣＡサイクルに取り入れる

ChatGPT のような対話型ＡＩをＰＤＣＡサイクルに組み込むメリットは多岐にわたる。

まず、ＰＬＡＮ（計画）段階では、ＡＩに課題に対する解決案を豊富に提案させることでアイデアの幅が大きく広がる。自分や自社だけでは考えつかないアプローチに触れられるため、より多角的な検討ができるようになるのだ。

次にＤＯ（実行）フェーズでは、タスクそのものの依頼はもちろんのこと、タスク分解や優先順位づけ、スケジューリングをＡＩに任せることで、作業スピードを格段に向上させられる。チェックリストやテンプレートの自動生成まで行えるため、担当者は実務に割ける時間をより多く確保できるようになる。

そして、CHECK（検証）では、データ分析やグラフ化といった工程から改善点・伸長点抽出を指示ベースで迅速にこなしてくれるため、大量の情報を短時間で可視化・共有できる。これによって検証作業の停滞が減り、よりスピーディーな振り返りが可能となる。

さらに、ADJUST（調整）においては、AIを利用して改善案や伸長案を提示させることができる。組織内の知見が積み上がるにつれ、過去のプロジェクトデータや経験則も参照して、より的確なフィードバックを行えるようになるのが大きな強みだ。こうしたナレッジの蓄積と再利用が進むことで、組織全体の学習スピードが飛躍的に高まっていく。

## 課題の解決スピードとアイデアの多様性を高める

加えて、人的なデータ処理や分析作業をAIに代行させることで、ヒューマンエラーを低減しつつ、意思決定の精度を引き上げられる点も見逃せない。質問の切り口を変えながら何度か同じテーマを投げかけると、異なる視点からのアイデアや分析結果が得られるため、PDCAにおける検討事項や改善策のバリエーションを一層増やすことができる。

AIをPDCAサイクルの各フェーズに取り入れることは、組織が抱える課題の解決スピードとアイデアの多様性を高め、実務の効率化や知恵の共有を後押しする手段として極めて有効である。ＡＩがデータ処理や分析、文書作成をサポートし、人間が最終決定とクリエイティブな思考を担うことで、より高いパフォーマンスと成果が期待できるはずだ。

## ＡＩ活用３つのポイント

さて、ＡＩを活用する上で重要なのは、「的確な指示（プロンプト）を設計できるかどうか」である。業務シナリオごとに最適な指示を与えることで、ＡＩが返してくれる情報の質や、提案の具体性が格段に向上する。とりわけ押さえておきたいのは３つのポイントである。

### Point1　基本情報を学習させておく

自社や自身に関する基本情報をＡＩに学習させるメリットは、単に「繰り返しの説明が不要になる」という時間的な効率化にとどまらない。

例えば企業であれば、社名や事業内容、強み、顧客層、過去の実績や独自のデータをＡＩに入力・学習させることで、以後のやり取りでＡＩが自社固有の文脈を踏まえた回答を返してくれるようになる。これにより、ＡＩが出す案や提案は常に企業の戦略やブランドイメージに即した内容になりやすく、質の高いフィードバックを得ることが可能だ。

また、同じ作業を他の担当者が行った場合でも、ＡＩ側に自社情報の土台があるため、担当者個々の知識レベルの違いがあまり影響しなくなる。結果として、組織としての意思決定や情報共有のスピードが向上し、人材の経験やスキルにかかわらず一定水準以上の成果が期待できるようになる。さらに、この段階で学習させるデータが豊富であればあるほど、ＡＩはよりカスタマイズされた形で知識を活用し、質問の意図や背景を深く理解した上で応答を行えるようになる。

こうした独自カスタマイズが進むことで、使い勝手が飛躍的に向上し、日々の業務でのＡＩ利用が「一時的な実験」から「実用的なインフラ」へと進化していくのである。

## Point2　適切な抽象度・具体度で段階的に質問する

質問を極端に具体的にしすぎると、ＡＩが参照できる事例が限られてしまい、的外れな回答を誘発しがちである。そこで初めは抽象度を高めて幅広いアイデアを引き出し、徐々に要件を絞り込むほうが、ＡＩの知識や創造力を最大限に活かせる。

これはブレーンストーミングと似ていて、条件を厳密に設定すると発想が制約され、画一的な答えにとどまる危険性が高い。少し抽象度を上げた問いから始めれば、回答を検討していく段階で「本当に知りたいこと」を再確認しやすくなり、また、可能性のある視点の漏れがなくなりやすく、最終的により的確な具体策へとたどり着く可能性が高まる。また、抽象と具体の行き来だけでなく、最終的にたどり着きたい回答へ、まさに因数分解の発想で、ステップを切って段階的に質問することで意図した回答に近くなりやすい。

## Point3　質問の仕方を変えてみる

同じ質問や少しだけ角度を変えた質問を何度も投げかけると、前回の回答とは少しずつ異なる視点や事例、あるいは追加の情報が盛り込まれることが多い。これは、多くのＡＩが回答を生成する過程で内部的に乱数や確率を介して文章を生成するためである。つまり、同じ質問でも異なる〝経路〟を経て答えを組み立てる可能性があるわけだ。

これによって、初回には提示されなかったアイデアやサンプルが新たに浮上することが非常に多く、結果として回答の幅が一段と拡がる。さらに、複数の回答を比較することで、共通点や相違点を整理しやすくなり、そこから次の追加質問を導き出す手がかりを得られる。同じ質問のままで、候補をさらに出すやり方もあるが、回答の筋がズレている場合は、さらにズレた方向に行くことが多いため、早めにベクトルのチューニングが必要だ。

こうした繰り返しのプロセスを経ることで、当初の目的やテーマに関して、より深い洞察や網羅的な検討が可能になるのである。

## P（計画）を超鬼速にするAI活用

鬼速PDCAを実現する上で最も効果を発揮しやすいのが、目標を設定し、課題を抽出して解決案を立案する「計画（PLAN）」フェーズである。

ここでは、具体例や活用のポイントを交えながら、AIを使っていかに効率的かつ多面的な計画を策定できるかを解説する。

### AIでゴール（目標）設定をする

計画フェーズで最初に行うべきは、ゴール（目標）を設定することである。このゴールが明確でないと、どれほど優れた解決案を立案しても、成功の基準が曖昧になり、組織全体の動きも散漫になってしまう。

ゴール設定では、まずAIに対して複数の目標案を出してほしいと依頼してみる。例えば「商談数を増やす以外に、売上を伸ばすために考えられる目標案を出してほしい」というように、幅広い視点から情報を引き出すのが良い。

いくつか候補が挙がった中で筋の良いものを絞り込んだ上で、ＡＩにそれぞれのインパクトを比較させ、「どの目標が最も効果的か」を検討する。

ゴールを設定する上ではＳＭＡＲＴ（Specific：具体的／Measurable：測定可能／Achievable：達成可能／Relevant：経営目標に関連／Time-bound：明確な期限）のフレームを用いると精度が高まる。ＳＭＡＲＴに基づきまとめて欲しいと投げることもできる。

また、数値や期限を明確にした上で、ＡＩに妥当性やシミュレーションを質問すれば、「このゴールならどの程度達成可能か」「期限は無理がないか」という観点からより客観的な検証ができる。あわせて、同様の目標を達成した他社の成功事例を調査させて、自社に活かせる具体的なベンチマークや、必要なＫＰＩ（商談数・アポイント数・コール数など）の示唆を得られる。

## ＡＩで課題を考える

次に、ゴールと現状のギャップを見定めた上で課題を洗い出す。

ここでは多角的な観点で課題を抽出できる点がAI活用の大きなメリットである。

例えば「現状は週に5件だが、10件まで商談数を増やすための課題は何か」と聞くだけでも良質な課題の候補が出てくるが、それだけでなく、「他に考えられる課題は？」と追加質問を重ね、潜在的な課題点まで探索する。さらに、他業界の類似例をリサーチし、「そこから共通する課題はないか」と問いかければ、自社内だけでは気づけなかった視点が得られる可能性が高まる。

課題を整理する際には、AIに対して「顧客」「商品」「マーケティング」といったカテゴリーや、「内部要因」「外部要因」等、さまざまな観点から分類してもらうと、見落としが減り、論点がクリアになる。

また、課題間の因果関係を分析するときには、「課題Aは課題Bにどのように影響するか？」といった質問を投げかけたり、PEST（政治・経済・社会・技術）やSWOT（強み・弱み・機会・脅威）などのフレームワークを用いると、思考が整理され、考えの漏れが大幅に減ったり、新たな視点がたくさん手に入ったりするはずである。

## AIで課題を絞り込む

課題が一覧化できたら、それらを絞り込む段階に入る。

ここでも有効なのがインパクトの評価である。

例えばＡＩに「どの課題のインパクトが大きそうか？」と尋ね、その中でも優先度が高いと考えられる理由を解説させることで、選択の根拠が明確になる。また、単にインパクトだけでなく、「時間」「気軽さ」といった複数の基準を設定し、それぞれをスコアリングさせる仕組みも効果的である。優先度が高い課題を3つほど抽出したら、さらに「顧客体験を最重視するならどうか」「短期効果を最重視するならどうか」といった観点で再評価することによって、見落としが起こりにくくなり、従来とは異なるアプローチが浮かび上がる可能性もある。

## ＡＩで解決案を考える

そして最後に、解決案の立案と絞り込みに取りかかる。

解決案を考える段階でもＡＩは大きな力を発揮する。

例えば「認知度を高める方法を10個挙げて」と依頼し、ＳＮＳの活用やイベントの企画など、さまざまなアイデアを列挙させるほか、「ＳａａＳ企業の認知度向上につながる成功事例を調べてほしい」と依頼することで、既存の成功手法を学ぶことができる。

さらに、アイデアの幅を広げたい場合は「ＳＮＳを使った解決案を10個挙げてほしい」

と、条件を付加してリサーチするなど、切り口を少し変えて追加のアイデアを探るとよい。

アイデアの整理についても、ＡＩに「顧客視点」「商品視点」「マーケティング視点」「経営的アプローチ」「現場的アプローチ」などの単位で分類を依頼すれば、体系的に把握しやすくなる。このように観点を変え続ければ、解決案を大小で、無限に生み出し続けてくれる。その中で、筋が良さそうなものがいくつか見つかったら、今度は「5の○○と13の△△を更に深掘ってほしい」とか、「5の○○に関連する要素は何か？」などの問いでさらに違う方向に縦横深掘りが可能になる。

## ＡＩで解決案を絞り込む

多様な解決案が出揃ったところで絞り込みに移るが、ここでも重要なのはやはりインパクトである。大きな成果が期待できるものから優先順位を付け、さらに「なぜインパクトが大きいのか」などの詳細説明をＡＩに質問すると、判断材料が具体化される。

また、コストや時間、実行の難易度、実現可能性、そして長期的な成長戦略との整合性や潜在的なリスクなど、さまざまな評価軸を総合的に検討することで、実際に取り組むべき解決案を明確に導き出すことができる。

以上、Ｐ（計画）の一連の流れにＡＩを組み込むことで、従来であれば情報収集や比較検討にかなりの時間をかけていたプロセスを、圧倒的なスピードで進められるようになる。

とはいえ、どれほど優秀なＡＩであっても、まだここからの数年間の進化の範疇では、最終的に意思決定を下すのは、おそらく人間側であり続けるだろう。ＡＩの提案や分析結果を機械的に受け取るだけでなく、実際の現場感覚や経験値、あるいは組織の理念や文化といった、ＡＩにはない要素を織り交ぜて判断することが肝要となる。

最終的な意思決定に人間の知恵と責任感を重ね合わせることで、鬼速ＰＤＣＡの「計画」フェーズを飛躍的に向上させ、本当に成果につながるＤＯ（実行）へとつなげることが可能になるのである。

## Ｄ（実行）を超鬼速にするＡＩ活用

計画（ＰＬＡＮ）フェーズで導き出した解決案を実務として進めるには、まず実行可能なタスクに落とし込み、重要度や優先順位を明確にする必要がある。

ここでＡＩに「この解決案を実行するための具体的なステップを細分化し、スケジュールを作成してほしい」と指示すれば、必要な行動を網羅的に洗い出すことが可能だ。洗い出したタスクに期限と優先度を付けてスケジュールを組めば、担当者はどの業務にいつ取りかかればよいかを一目で把握できるようになり、実際の業務や意思決定に集中しやすくなる。こうしたプロセスをAIに任せることで、実行（DO）のフェーズを飛躍的にスピードアップできるのだ。

## AIがサポートするタスク化の手順

AIでタスク化をする手順は、まず計画段階で「この施策を実行するために必要なタスクをすべて挙げてほしい」と依頼することから始まる。短時間で漏れのないタスクリストを作成し、次にタスクごとに期限と優先順位を設定して具体的な行動目標を明確化する。

さらに「最短で完了するスケジュールを提案してほしい」と指示し、必要工数や担当者の作業可能時間を考慮した日程表を生成させる。そして、タスク管理用のフォーマットやチェックリストをAIに用意してもらい、週次ミーティングやオンラインツールなどで進捗を更新しやすくする、という一連の流れである。

「これらを進める上での注意点や想定リスクは？　またその事前にできる対策は？」などの質問を事前にして、リスク対策をタスク化しておくことも可能である。依存関係の可視化を行うことにより、「どのタスクを先に片付けるべきか」が一目でわかり、プロジェクトを効率的に進められるようになる。

## オペレーショナルな仕事の自動化

また、実行フェーズにおける具体的なオペレーションでも、ＡＩが大きな力を発揮する。メール作成、報告書作成、議事録作成、レポート要約、資料作成、クリエイティブ制作、コピー作成、リサーチなど、あらゆる実務タスクをＡＩによって自動化・効率化する道が開けているのである。

例えばメールの文章草案をＡＩに生成させ、担当者が微調整を行うことで、コミュニケーション速度や正確性を高めることもできる。報告書や資料作成では、テキストベースの入力情報をもとにレイアウトの提案や要約を瞬時に行うため、担当者は最終チェックや細かい質の向上に注力しやすくなるのだ。

こうしたオペレーションの自動化は、本来であれば作業時間を多く割いていた領域を効率化し、より創造的かつ価値の高い活動にリソースを振り向けられるようにする。

## 進捗管理とチェックリストで抜け漏れを防ぐ

実行段階に入ったあとの進捗管理についても、AIが積極的にサポートする。例えば「毎週タスクの進捗を確認するためのチェックリストを作成してほしい」と頼めば、定期的な状況更新のための仕組みを短時間で構築できる。タスクの進捗度合いや担当者のコメントを蓄積していくことで、問題発生時にも迅速に原因を特定し対処が可能となる。さらに、TrelloやAsanaなどのタスク管理ツールと連携すれば、進捗をリアルタイムで把握しながら、チーム内のコミュニケーションを円滑に進められる。

以上のように、タスク分解からスケジュール作成、管理ツールとの連携、オペレーショナルなタスクの自動化までをAIがサポートすることで、実行（DO）フェーズのスピードと精度は飛躍的に向上する。

実行段階がスムーズに運べば運ぶほど、CHECK（検証）とADJUST（調整）も同様に迅速化され、PDCAサイクル全体が加速度的に回ることになる。

AIが示すタスク分解やスケジュール案、オペレーションの自動化機能を活用すれば、手戻りや調整に費やす時間が最小化され、〝超鬼速〟でPDCAを回すことが可能となる。

さらに、計画フェーズで定めたゴールや解決案を迅速に実行へと移すことで、組織の実行力が格段に高まる。こうした取り組みを継続的に行い、フィードバックを重ねることで、洗練されたＰＤＣＡサイクルと圧倒的な競争力を手にすることができるのである。

## Ｃ（検証）を超鬼速にするＡＩ活用

計画（ＰＬＡＮ）に基づき実行（ＤＯ）を進めたとしても、その成果を正しく評価・検証（ＣＨＥＣＫ）しなければ、次のＡＤＪＵＳＴ（調整）につなげることは難しい。

そこでＡＩを活用すれば、膨大なデータの収集・分析を短時間で行い、組織やプロジェクトの現状を即座に把握することが可能となる。特にＡＩが得意とするのは、データ解析や予測、パターン認識といった領域であり、従来では人手や時間を要していた作業を飛躍的に効率化することができる。

ＫＧＩ、ＫＰＩ、ＫＤＩなど、さまざまな指標を設定し、ＡＩに関連データを取り込ませることで、達成状況の即時分析から課題の抽出、さらには異常値検知までを一気通貫で実施できる。このようにＣ（検証）フェーズを加速させることによって、次のＡＤＪＵＳＴ（調整）や次回のＰＬＡＮ（計画）をより的確かつスピーディーに行えるようになり、ＰＤＣＡサイクル全体が一段と強力なものへと進化していくのである。

## 議事録の自動要約・アクションアイテム抽出

AIを活用すれば、会議の議事録を自動的に要約して主要なアクションポイントを洗い出し、次の施策へとつなげることが容易となる。

例えば、会議音声やテキスト情報をAIに取り込ませ、「この会議の議事録を要約し、次のアクションリストを作成してください」と指示すれば、重要な決定事項や合意点、検討すべき課題を短時間で可視化できる。また、意見が対立している議論をあえてAI上で再現し、それぞれの立場から見たリスクや改善策を洗い出すことも可能である。そうすることで、意思決定プロセスがより透明化され、メンバー全体の合意形成がスムーズに進む。

このように、検証段階の振り返りをスピードアップすると同時に、議論をより深く掘り下げることができ、最終的な施策のブラッシュアップにつなげられるのである。

## 実施した解決案ごとの投資対効果の評価

C（検証）フェーズにおいては、実行（DO）で実施した施策を客観的な数字で評価することが不可欠となる。AIを用いて施策ごとのコスト（人件費・広告費など）と効果（売上増加・工数削減など）を「各施策ごとのROIを計算し、比較できるようにまとめてください」や「各施策のROIを評価し、改善点を提案してください」とAIに入力し、投資対効果（ROI）を計算させることで、次にどこへリソースを集中させるべきか明確化できるのである。

## KGIからの分析・リスク・改善点の抽出

AIを活用すれば、KGIの達成率や進捗状況を時間軸や市場平均と比較しながら可視化することができ、リスク度合いや必要な対策が明確になる。

例えば、「今月のKGI達成率は○％だが、過去6ヶ月の推移を踏まえて成長ペースが適切かどうか分析してほしい」や「KGI達成に対するリスク要因を挙げ、対策案を提案してください」、「現在のKGI進捗を可視化するグラフを作成し、直近のトレンドを示してください」などのプロンプトを入力しながら分析を継続的に行うことで、経営層やチームメンバーへのレポーティング資料も自動化でき、組織全体の情報共有と意思決定スピードを加速させられるのである。

## KPIからの分析・リスク・改善点の抽出

KGIを達成するために設定される複数のKPIを管理する場合でも、AIの分析力は有効である。AIが膨大なデータを一括処理することで、複数のKPIを横断的に評価し、全体の傾向や遅れが生じている指標を瞬時に把握できる。

例えば、「今月のKPIデータをもとに、未達成のKPIと、このままでは達成が厳しそうなKPIをリストアップしてください」や「KGI達成率と各KPIの相関関係を分析し、最も影響が大きい指標を特定してください」、「各KPIの達成状況を一覧化し、どこに課題がありそうかをまとめてください」などのプロンプトを入力しながらAIの分析結果を活用すれば、優先的に強化すべきKPIを素早く絞り込めるため、組織のリソース配分を最適化できるようになる。

## KDIからの分析・リスク・改善点の抽出

どの行動が成果を生み出し、どの行動が未達を引き起こしているかを可視化することで、チームや個人の動きそのものを改善するチャンスが広がる。

「未達成のKDIをリストアップし、最も大きな課題となっている行動を提案してください」や「複数チームのKDIデータを比較し、成果を上げているチームの共通パターンを抽出してください」などのプロンプトを入力して、行動レベルで何が成功要因となっているのかを把握できれば、効果的なアクションを組織全体へ展開しやすくなるのである。

## できなかった要因・できた要因を突き止める

検証段階で忘れてはならないのが、未達成の原因を突き止めるだけでなく、達成できた成功要因を分析し、次のアクションに反映することだ。

ＡＩを使えば、未達成要因と成功要因を同時に抽出・比較し、チームや個人の学習効果を格段に高めることが可能となる。

「今月の未達成ＫＰＩとＫＤＩを分析し、共通する遅れの原因を特定してください」や「今月最も成果を上げたチームの行動特性を抽出し、成功パターンを明文化してください」などのプロンプトを入力することによって、「なぜできなかったか」「なぜできたか」の両面から学びを得られ、組織全体のＰＤＣＡがより強靭なものとなるのである。

## 異常値検知とアラート機能

プロジェクト指標に大きな乖離や思わぬ変化が生じた際、アラート機能を備えたＡＩが微細な異常値を感知し、即座に担当者へ通知する仕組みを構築しておくと、極めて効率的である。

例えば、「売上が急激に下がっていないか」や「広告費が異常に増えていないか」や「開封率が明らかに下がった原因は何か」といった切り口で、ＡＩが過去データや類似事例を参照し、推定要因や対策案まで提示してくれるケースもある。

こうした機能のおかげで、小さな異変を見逃さずに迅速な修正アクションを打つことができ、結果的に大きな被害やロスを防ぐことにつながるのである。

以上のようにＡＩを活用してＣ（検証）フェーズを飛躍的に加速することで、膨大なデータ処理や分析を自動化し、担当者が本来注力すべき意思決定や戦略立案に集中できる環境を整えられる。

会議やレビューの際にも情報を一括管理・可視化できるため、議論の質が高まるだけでなく、意思決定そのもののスピードも格段に上がる。

さらに、異常値検知やリアルタイム分析の仕組みがあれば、突発的なリスクを早期に発見して対処できるため、ＰＤＣＡサイクル全体の安定度と精度が増すことになる。

最終的にはＫＧＩ・ＫＰＩ・ＫＤＩなどの指標を瞬時に検証し、次のＡＤＪＵＳＴ（調整）やＰＬＡＮ（計画）を迅速かつ的確に立案することが可能となり、ビジネス全体のスピードと質を飛躍的に引き上げるのである。

## A（調整）を超鬼速にするAI活用

PLAN（計画）、DO（実行）、CHECK（検証）を経て、最後に行うのがADJUST（調整）である。

このフェーズでは、うまくいかなかった点への改善案と、成功を収めた部分への伸長案を整理して次のアクションにつなげることが大事だ。

AIを使えば、要因分析からアクションプラン策定まで一気通貫で支援できるため、調整フェーズ全体を大幅に効率化することが可能なのである。

### 成功パターンの抽出とフレームワーク化

調整フェーズを加速させる要となるのが、成功事例の体系化とその標準化である。

AIを活用することで、過去の成功・失敗事例を一括で分析し、再現可能な伸長パターンを抽出しやすくなる。

例えば、「過去6ヶ月の成功施策を分析し、共通する成功パターンを抽出してください」や「今回の改善施策の内容を整理し、今後のプロジェクトに適用できる標準の型を作成してください」などのプロンプトを入力して抽出・テンプレート化したベストプラクティスは、次回のＰＤＣＡサイクルで標準の型として活用できるため、同じ手順や考え方を組織全体へ横展開しやすくなるのである。

## リスク分析と対策立案

調整フェーズでは、次の施策に潜むリスクを洗い出し、あらかじめ対策を打っておくことも重要である。

ＡＩを活用すれば、大量の過去データや外部要因の情報を短時間で取り込み、リスク発生の可能性と影響度を推定し、優先度の高い課題から対策を策定することが可能となる。

例えば、「リスクの発生確率と影響度を分析し、優先的に対策すべき項目を特定してください」や「想定されるリスクを一覧化し、それに対応する複数の解決策を提示してください」などのプロンプトを入力すれば、事前にリスクを想定・対策することができ、次のサイクルでのトラブル発生を最小限に抑え、ＰＤＣＡをよりスムーズに回せるようになるのである。

## ＡＩによる改善案と伸長案の提示

次に、うまくいかなかった点への改善案と、成功を収めた部分への伸長案を整理する。

ＡＩに対して「今回の目標未達につながった要因を分析し、その改善案を挙げてほしい」とリクエストすれば、集約したデータをもとに具体的な課題を洗い出し、対処法を提示してくれる。

例えば、営業成約率が想定よりも低かった場合、顧客ニーズの把握不足やターゲット選定の誤りなど、ＡＩが潜在的な原因を推定して改善策を提案する。反対に、成功を収めた施策をさらに伸ばすための手段を模索する場合は、「成功した要因を分析し、伸長策を提案してください」と指示すればよい。こうすることで、良かった点をさらに拡大し、悪かった点を効率的にカバーするための道筋を明確化できる。

ＡＩを活用すれば、ＣＨＥＣＫ（検証）とＡＤＪＵＳＴ（調整）をほぼ同時並行で進めることも可能であり、サイクルを短時間で回せるメリットがあるのだ。

## 次回ＰＤＣＡに活かす学習とナレッジ蓄積

調整フェーズのもうひとつの重要な役割は、今回のＰＤＣＡサイクルで得られた学びを、次回以降にどのようにフィードバックするかという点にある。

AIがあれば、過去のプロジェクト事例や社内のノウハウデータと突き合わせ、「今回のプロジェクトで学んだことをまとめてください」という指示によって、新たな知見を組織全体が共有しやすい形で整理することが可能である。

こうして蓄積された成功・改善事例は、メンバーが新しいプロジェクトを始める際の指針や、組織全体の知見を底上げする原動力となる。AIはこれらのノウハウを体系的に保管・検索できるため、必要な情報を即座に呼び出して再利用できる仕組みをつくりやすい。

## ボトルネックの可視化とプロセス最適化

PDCA全体を振り返ったとき、「どのフェーズに最も時間やリソースを割いているか」を可視化するのもAIの得意分野である。

例えば、計画段階に過度の時間がかかっていることがわかった場合、AIは過去の類似プロジェクトとの比較や、ボトルネック解消策の提案を行うことができる。

AIに「このボトルネックを解消するためのアイデアをリストアップしてください」と指示すれば、多面的なアプローチを提示してくれる。こうした調整を行うことで、PDCAの回転速度をさらに高めることが可能となるのである。

以上のように、調整（ＡＤＪＵＳＴ）フェーズをＡＩで強化すれば、単なるＰＤＣＡの終着点ではなく、次回に向けた新たな出発点として機能させることができる。

成功パターンのテンプレート化、リスク分析、そして改善案と伸長案の抽出といった一連の流れを超鬼速で進められるため、組織がＰＤＣＡを回すたびに着実にレベルアップしていく。

ＡＩの力を活用して、調整作業を〝超鬼速〟で完了し、次のサイクルをより大きな成果に導く。そうすることで、ビジネスのスピード感と質を飛躍的に高め、競合を一歩リードすることが可能となるのである。


最後に、企業におけるＡＩ活用には、データ漏洩、モデル盗用、プライバシー侵害、法規制違反などのセキュリティリスクが伴う。定期的な監査・アップデートを行い、継続的にリスク管理を強化することが重要だ。

「ＰＤＣＡ×ＡＩ」という新しい概念についての話をしたが、ＡＩは日々進化するため、常に新しい技術や手法を取り入れながら、最先端のマネジメントスタイルを継続してもらいたい。

# 鬼速 PDCA × AI のワークフロー

鬼速 PDCA において AI を最大限に活用するためには、
的確な指示を出す必要がある。
業務シナリオごとに最適なプロンプトを設計することで、
出力の質が向上し、より実践的な内容やアイデアを得ることが可能だ。
ここでは鬼速 PDCA における AI 活用のポイントと、
フェーズごとの活用例を紹介する。

## AI 活用 Point

### Point1. 基本情報を学習させておく

企業であれば、社名や事業内容、強み、顧客層、あるいは過去の実績や
独自のデータなどの基本情報を AI に学習させることで、
繰り返し情報を与えなくても自社に合った提案をしてくれる。

### Point2. 適切な抽象度・具体度で質問する

AI への質問は、抽象度の高いものからはじめ、徐々に具体的な質問へと移行する。
最初から具体的過ぎる質問をすると、
事例が少ないものに関しては見当違いな回答が出力されることがある。

### Point3. 質問の仕方を変えてみる

同じテーマについて、角度を変えて何回か質問してみる。
何度も問いを投げかけることで、前回の回答とは微妙に異なる視点や事例、
あるいは追加の情報が盛り込まれることがある。

### 他業界からの応用

▶異業種での成功事例から課題を抽出。

### 課題を分類（カテゴリ分け）

▶「顧客」「商品」「マーケティング」などカテゴリごとに分類指示。
▶「内部要因」と「外部要因」に分類指示。
例：内部要因＝営業スキルの不足、営業システムの未整備。
　　外部要因＝ターゲット業界のニーズ変化、競合他社の増加。

### 課題間の因果関係分析

▶課題間の因果関係を聞き、根本課題を特定。
例：「課題Aが課題Bにどのように影響するか教えてください」

### 課題発見フレームワークを活用

▶フレームワークを活用し課題を挙げさせる。
例：「PEST分析（政治・経済・社会・技術）の観点で課題を挙げてください」
　　「SWOT分析（強み・弱み・機会・脅威）の観点で課題を挙げてください」

## 課題の絞り込み

### 優先課題の提案

▶インパクトをもとに課題の優先順位付けを効率化。
例：「どの課題がインパクトが大きそうか教えてください」

### 課題の優先順位の理由を補足

▶優先すべき理由を追加質問。
例：「なぜこの課題が優先度が高いと考えられるのか、理由を説明してください」

### 課題評価基準の設定

▶インパクトと時間と気軽さでスコアリングする方法を提案。
例：「インパクトと時間と気軽さの3つで課題をスコアリングしてください」

### インパクトの評価をシステム化

▶それぞれの課題にスコアを付けてもらい、上位3つを選定。

### 定量化支援

▶各課題の影響を数値化する方法（例：売上への影響度、商談数増加の可能性）を提案。
▶その他シナリオの作成。
例：「3つの優先課題を別の観点（顧客体験重視、短期効果重視）で再評価してください」

# 計画（PLAN）

## ゴール設定をする

### ゴール（目標）設定自体のブラッシュアップ

▶複数の選択肢を提示させる。
例：「商談数を増やす以外に、売上を伸ばす方法として考えられる目標案を出してください」
▶いくつかのゴール案を作成させ、それぞれのインパクトを比較。
▶ゴール達成のベンチマーク作成
例：「成功事例として、他のSaaS企業が商談数を3倍以上にした事例を教えてください」

### SMART（具体的・測定可能・達成可能・経営目標に関連・明確な期限）のフレームに合わせたゴール作成

▶期日や数値を追加し、ゴールの具体化を支援。達成可能性を確認。

### ゴール達成シミュレーションの作成

▶ゴール達成のために必要なリソースや工数を予測。

### 業界での達成事例提示

▶同様の目標を達成した他社や業界事例を検索して要点をまとめる。

### KGIからのKPI指標の提案

▶ゴールに必要なKPI（商談数、アポイント数、コール数、リスト数……）など、関連する指標を提案させる。

## 課題を考える

### 課題の洗い出し

▶多角的な課題を提示させる。
例：「商談数を増やすための課題を教えてください」

### 課題の網羅性向上

▶その他の課題を尋ね、視点を広げる。
例：「これ以外に考えられる課題は何ですか？」
▶特定の領域に焦点を当てて課題を深堀りする。
例：「認知度に関連する課題をさらに細かく挙げてください」

## 解決案の絞り込み

### 優先解決案の提案

▶インパクトにより課題の優先順位付けを効率化。

例：「どの課題がインパクトが大きそうか教えてください」

### 解決策の優先順位理由補足

▶絞り込む際に必要なロジックや背景情報を補足。

▶優先度が高い理由を追加質問。

例：「なぜこの解決案が優先度が高いと考えられるのか、理由を説明してください」

### インパクトの評価をシステム化

▶インパクト、時間、気軽さ、実現可能性でスコアリングする方法を提案してもらう。

例：「インパクトと時間と気軽さと実現可能性の4つで課題をスコアリングしてください」

「解決案 A と B のコスト、効果、実現可能性を比較して評価してください」

### 解決案評価基準の設定

▶それぞれの解決案を評価する別の基準を設けてもらい、比較し上位3 つを選定。

### 定量化支援

▶各解決案の影響を数値化する方法を提案してもらう。

例：「売上への影響度、商談数増加の可能性を教えてください」

### その他シナリオの作成

▶「顧客目線」「従業員目線」などで再評価。

▶「費用対効果を最重視する場合の上位3つの解決案を選んでください」と条件付きで評価。

▶「各解決案について、リソースや時間を基に難易度を評価してください」とリクエスト。

▶「この解決案が長期的にどのような効果をもたらす可能性があるか説明してください」と追加質問。

### リスク評価

▶選んだ解決案のリスクを洗い出し、実行可能性を精査。

# 計画（PLAN）

## 解決案を考える

### 解決案のブレスト

- 課題ごとに多数の解決案を生成。

例：「認知度を高める方法を10個挙げてください」

- 成功事例を調べてリストアップ。

例：「SaaS 企業の認知度向上の成功事例を挙げてください」

- SNS 活用方法、ローカルイベントの企画など、新規性のある解決案を提示。
- 斬新なアイデアを収集。

例：「これまでの延長線にない斬新でユニークな解決案を3つ提案してください」

### 解決案の多様性拡大

- 具体的な条件をつけて依頼。

例：「SNS を使った解決案を10個挙げてください」

### 他業界からの応用

- 具体的な条件をつけて依頼。
- 異業種での成功事例から解決策を抽出。

### 解決案の分類（カテゴリ分け）

- 「顧客」「商品」「マーケティング」などカテゴリごとに分類指示。
- アプローチ別などで分類指示。

例：「ゴール達成に向けた解決案を経営的アプローチと現場的アプローチに分けて整理してください」

### 解決案間の因果関係分析

- 解決案間の因果関係を聞き、根本課題を特定。

例：「解決案 A が解決案 B にどのように影響するか教えてください」

### 解決案発案フレームワークを活用

- フレームワークを活用し解決案を挙げさせる。

## 検証（CHECK）

### 議事録の自動要約・アクションアイテム抽出

▸ PDCA ミーティングやプロジェクトの振り返り会議の議事録を要約し、重要なアクションポイントを整理する。

例：「この会議の議事録を要約し、次のアクションリストを作成してください」

▸ 議論内容を要約・整理し、また意見の違う立場の複数人を設定し、議論を戦わせた上で検討要素を洗い出し、良質な意思決定につなげる。

例：「会議の議論内容を分析し、また、意見が対立する2人で戦わせた上で、意思決定のポイントを整理してください」

### 実施した解決案ごとの投資対効果の評価

▸ 施策ごとのコスト・効果を定量化し、ROI（投資対効果）を計算する。

例：「施策ごとの ROI を計算し、比較できるようにまとめてください」

▸ 改善すべき施策を特定し、次回の投資判断に活用する。

例：「施策ごとの ROI を評価し、改善点を提案してください」

### KGI からの分析・リスク・改善点の抽出

▸ KGI の数値を入力し、過去の推移や市場平均と比較しながら、進捗状況を分析する。

例：「今月の KGI 達成率は○% ですが、過去6ヶ月の推移をもとに、成長ペースが適切かどうか分析してください」

▸ 達成率のグラフ化・トレンド分析を行い、リスク度や改善の余地があるかを可視化する。

例：「現在の KGI 進捗を可視化するグラフを作成し、直近のトレンドを示してください」
「KGI 達成に対するリスク要因を挙げ、対策案を提案してください」

▸ 経営やマネジメント向けのレポーティング資料作成を自動化する。

例：「入力した数値を元に、現状分析や改善点の可能性を以下のフォーマットに基づき、マネジメントレポートとしてまとめてください」

### KPI からの分析・リスク・改善点の抽出

▸ KPI ごとの達成状況を一覧化し、全体の傾向や遅れのある指標を特定する。

例：「各 KPI の達成状況を一覧化し、各々どこに課題がありそうかまとめてください」

▸ 各 KPI の相関関係を分析し、どの指標が KGI 達成に寄与しているかを判別する。

例：「KGI 達成率と各 KPI の相関関係を分析し、最も影響が大きい指標を特定してください」

▸ KPI 未達の要因分析をデータとの連動で実施する。

例：「今月の KPI データをもとに、未達成の KPI、またこのまま行くと未達可能性が高い KPI をリストアップしてください」

# 実行（DO）

## タスク化

### タスク分解

▶選定した解決案を実行可能なタスクに細分化。

例：「この解決案を実行するための具体的なステップを細分化して、スケジュールを作成してください」

▶リマインダー作成

例：「毎週タスクの進捗確認をするためのチェックリストを作成してください」

▶タスクの依存関係の可視化

例：「各タスクの依存関係を整理し、優先順位順に並べてください」

### スケジュール案作成

▶各タスクに期限と優先順位を設定。

### 進捗管理効率化

▶タスク進捗管理用のテンプレートを作成。

例：「タスクの進捗を記録するための簡易フォーマットを作成してください」

タスク名、責任者、期限、進捗状況、コメント

手段……インフルエンサー＆業界専門家とのコラボ

期日……3月末まで

責任者……マーケティングチーム

### リマインダー作成

例：「毎週タスクの進捗確認をするためのチェックリストを作成してください」

### タスクの依存関係の可視化

例：「各タスクの依存関係を整理し、優先順位順に並べてください」

### 進捗管理ツールの連携

▶Trello や Asana など各種ツール用のタスクを自動生成。

# 調整（ADJUST）

## 成功パターンの抽出とフレームワーク化

▶過去の成功・失敗事例を一括で分析し、再現可能な伸長・改善パターンに抽出する。

例：「過去6ヶ月の成功施策を分析し、共通する成功パターンを抽出してください」

▶ベストプラクティスをテンプレート化し、次回以降の標準の型として活用する。

例：「今回の改善施策の内容を整理し、今後のプロジェクトに適用できる標準の型を作成してください」

## リスク分析と対策立案

▶改善施策に潜むリスクを事前に洗い出し、対応策を策定する。

例：「この施策における潜在的なリスクを一覧化し、それぞれの対応策を提案してください」

▶失敗リスクを最小限に抑えるための対策方法を模索する。

例：「リスクの発生確率と影響度を分析し、優先的に対策すべき項目を特定してください」

## 伸長案と改善案の提示

▶伸長案・改善案に基づいて具体的なアクションプランを提案してもらう。

例：「この課題を解決するための最適な伸長案または改善案を挙げてください」

## 次回 PDCA に活かす学習とナレッジ蓄積

▶改善の成功事例を蓄積し、次回以降の PDCA に活用する。

例：「今回のプロジェクトで学んだことをまとめてください」

## ボトルネックの可視化とプロセス最適化

▶PDCA 全体の流れを見直し、ボトルネックを特定・解消する。

例：「PDCA の中で最も時間を要しているフェーズはどこですか？」
「このボトルネックを解消するためのアイデアをリストアップしてください」

## 役割分担と担当者アサインの最適化

▶各施策に最適な担当者を自動提案し、作業の属人化を防ぐ。

例：「プロジェクトチームの役割分担を整理し、誰がどの施策を担当すべきか決めてください。組み合わせで担当した方がいい場合はその提案もください」

▶チームの強み・スキルセットを分析し、最適な人材配置を行う。

例：「この改善施策を実行するにあたり、最適な担当者をスキルセットに基づいて提案してください」

## 検証（CHECK）

### KDI からの分析・リスク・改善点の抽出

▶実施された KDI と KPI の関係を分析し、「どの KDI（行動）が成果に直結したか」を特定する。

例：「KDI 達成率と KPI の関係を分析し、どの行動が成果につながっているかを特定してください」

▶KDI の頻度・質を比較し、次回の施策に活かす。

例：「各チームの KDI データを比較し、成功しているチームの行動パターンを抽出してください」

▶KDI の遅れや不足しているアクションを洗い出す。

例：「未達成の KDI をリストアップし、改善すべき行動を提案してください」

### できなかった要因を突き止める

▶KGI・KPI・KDI のデータを比較し、遅れや問題点の根本原因を特定する。

例：「今月の未達成 KPI と KDI を分析し、主な遅れの原因を特定してください」

▶過去の類似事例を分析し、成功・失敗要因を比較する。

例：「過去6ヶ月間で KPI 未達成だった要因を時系列で分析し、共通するパターンを特定してください」

▶ヒアリングやアンケートのデータを分析し、主な障害要因を抽出する。

例：「補足した営業チームへのヒアリングデータを分析し、アポイント獲得数が伸び悩んだ要因を抽出してください」

### できた要因を突き止める

▶達成した KGI・KPI・KDI のデータを分析し、共通点や成功パターンを特定する。

例：「今月 KGI を達成した要因を、KPI と KDI のデータをもとに分析してください」

▶成功事例をテンプレート化し、他のチームや部署に展開する。

例：「成功した施策の特徴を抽出し、次回以降に標準化できる型を提案してください」

▶定性データを分析し、成功を生んだ行動・プロセス・環境要因を特定する。

例：「今月の最も成果を上げたチームの行動特性を分析し、成功要因を研修資料にできるように、明文化してください」

### 異常値検知とアラート機能

▶データを分析し、異常値や問題点を早期に指摘する。

例：「この数値は過去のデータと比較して異常かどうか分析してください」

▶プロジェクト指標に対し乖離や思わぬ変化が生じた際の原因を分析する。

例：「売上が急激に下がっていますが、広告費が異常に増えていないでしょうか」
「開封率が明らかに下がった原因は何でしょうか」

# おわりに

およそ8年前に刊行された『鬼速ＰＤＣＡ』への反響を受け、多くの研修・コンサル依頼が殺到し、当社はこれをもとにコンサルティング事業を開始した。

現在ではすでに５００社を超える企業に導入いただき（部分的なサービスを入れると１０００社を超える）、支援先から上場企業を何社も輩出するなど、各社にて大きな成果をあげている。自社がさらに拡大したことに加え、他の会社への導入や成長課題解決を一緒に行わせていただいたからこそ、より幅広い視点で鬼速ＰＤＣＡを見ることができたとともに、更に進化を加速させることができた。

鬼速ＰＤＣＡは、究極の前向き思考だ。過ぎ去ったことは教訓として学んでさっさと捨てる。あるステージまで来たら、さっさと新しいＰＤＣＡを回す。現状で満足するという概念がそもそもない。走り続ける必要があるため、鬼速ＰＤＣＡは大変だ。そもそも人より前に進んでいるのだから楽なわけがない。

しかし、これだけは言える。

「前進を続ける人生のほうが絶対に楽しい」

ＰＤＣＡの肝は何と言っても「継続すること」だが、これがなかなか難しい。組織レベルなら尚更である。しかし継続しなければ前進はなく、継続こそが最大の効果をもたらすのだ。

本書でも紹介した通り、ＡＩの登場によりＰＤＣＡは格段に取り組みやすくなった。このことは、ＰＤＣＡを継続する大きな助けにもなると考える。そして進化を続けるＡＩ技術とともに、『超鬼速ＰＤＣＡ』も今後さらに進化を遂げることが予想される。今回の書籍では、ＡＩの部分はもちろん、それ以外も含めて、前回の書籍からのアップデートが膨大にあり過ぎて、書きたい内容のすべてを網羅することは不可能だった。また数年後にアウトプットする機会があれば、さらにブラッシュアップした上で披露したいと思う。

読者の方々にはぜひ、鬼速ＰＤＣＡを回し続けることで得られるスピードとインパクトを体感していただきたい。回せば回すほど、どんどん面白くなっていくはずだ。

私もこれまで多くの壁にぶつかってきたが、それでも、絶え間なくＰＤＣＡを回し続けてこられたのは、人生をかけて成し遂げたい夢があるからだ。世界中の人達が何歳になってでも夢や目標を持ち続け、それに向かって１００％でチャレンジできる世界をつくる。今もその夢に向かって、日々前進を続けている。

冨田　和成

［著者略歴］
**冨田和成**（とみた・かずまさ）
一橋大学卒業後、野村證券に入社。トップセールスなど数々の最年少記録を樹立した後、超富裕層向けプライベートバンキング業務を担当。シンガポールマネジメント大学のビジネススクールにてウェルス・マネジメントの大学院を修了後、ASEAN地域の経営戦略を担当。2013年、金融領域のDXを推進する（株）ZUUを創業。創業5年で東証マザーズ（現グロース市場）上場を果たし、国内外での事業拡大を進める。経営者・投資家・ビジネスパーソンのための金融・経済プラットフォーム「ZUU online」等のメディア群を運営し、月間の訪問者数はのべ1,500万人を超える。現在は法人個人の資金調達から資産運用まで金融領域にも事業を拡大中。著書に『鬼速PDCA』『営業』（クロスメディア・パブリッシング）、『プライベートバンクは、富裕層に何を教えているのか？』（ダイヤモンド社）、『資本主義ハック』（SBクリエイティブ）等。中でも『鬼速PDCA』は20万部超のベストセラーとなり、多くの経営者・ビジネスパーソンの行動改革を促してきた。現場と経営の両視点を持ち、個人・企業の成長戦略に精通する稀有なビジネスリーダーとして、講演・メディア出演など幅広く活躍中。

超鬼速《ちょうおにそく》PDCA

2025年4月1日　初版発行

著　者　冨田和成

発行者　小早川幸一郎

発　行　株式会社クロスメディア・パブリッシング
〒151-0051 東京都渋谷区千駄ヶ谷4-20-3 東栄神宮外苑ビル
https://www.cm-publishing.co.jp
◎本の内容に関するお問い合わせ先:TEL（03）5413-3140/FAX（03）5413-3141

発　売　株式会社インプレス
〒101-0051 東京都千代田区神田神保町一丁目105番地
◎乱丁本・落丁本などのお問い合わせ先:FAX（03）6837-5023
service@impress.co.jp
※古書店で購入されたものについてはお取り替えできません

印刷・製本　株式会社シナノ

　ISBN978-4-295-41064-5　C2034